SONS

DE

DEUX

F. DAUPHIN.

TOME PREMIER.

PARIS,

CHEZ LE Y, LIBRAIRE,

BOULEVARD D   PLE, N° 33.

1   7.

IMPRIMERIE DE C. FARCY,
rue de la Tabletterie, n° 9.

CHANSONS

DE

F. DAUPHIN.

A LA LIBRAIRIE ANCIENNE ET MODERNE,

PALAIS ROYAL, GALERIE DE BOIS, Nos 263-264.

IMPRIMERIE DE C. FARCY,

RUE DE LA TABLETTERIE, N° 9.

CHANSONS

DE

F. DAUPHIN.

TOME PREMIER.

PARIS,

CHEZ LE JAY, LIBRAIRE,

BOULEVARD DU TEMPLE, N° 35.

—

1827.

A MA MÈRE,

COMME UN HOMMAGE DE MON AMOUR
ET DE MON RESPECT.

DAUPHIN,

CHANSONS

DE DAUPHIN.

LA PAIX.

Air nouveau.

Mars dort sur le sein de Venus;
Pendant ce repos salutaire,
Buvons, au bonheur de la terre.
Le nectar versé par Bacchus.

Dissipant un brouillard épais,
Ouvrant le milieu de l'année,
De fruits la tête couronnée,
L'automne seconde la paix ;
Dans sa flottante draperie
Voltigent les jeux, la chanson,
Et sa touchante voix nous crie ·
Mortels, écoutez ma leçon.

Mars dort sur le sein de Vénus ·
Pendant ce repos salutaire,

Buvons, au bonheur de la terre,
Le nectar versé par Bacchus.

A table courons nous ranger ;
Laissons à la voix de l'histoire
Le soin de chanter notre gloire ;
Fredonnons un couplet léger :
Fi d'une orgueilleuse chimère !
Que le citoyen, le guerrier,
Embrassent leur fille et leur mère :
Le bonheur vaut bien le laurier.

Mars dort sur le sein de Vénus ;
Pendant ce repos salutaire,
Buvons, au bonheur de la terre,
Le nectar versé par Bacchus.

Du repos goûtant les bienfaits,
Buvant à sa jeune famille,
Près d'un vieux sarment qui pétille,
Le preux raconte ses hauts faits ;
Oubliant le destin funeste
Qui tint son courage enchaîné,
Bientôt sur le pied qui lui reste
Il va danser son premier né.

Mars dort sur le sein de Vénus ;
Pendant ce repos salutaire,
Buvons, au bonheur de la terre,
Le nectar versé par Bacchus.

Au sein de nos brillans remparts,
Minerve, enfin tu te reposes;
Bellonne en pleurant voit les roses
Sur le front des enfans de Mars ;
Ses bouches d'airain sont muettes,
Et du rossignol dans nos bois
On n'interrompt les chansonnettes
Que par le doux son des hautbois.

Mars dort sur le sein de Vénus;
Pendant ce repos salutaire,
Buvons, au bonheur de la terre,
Le nectar versé par Bacchus.

Profitons des derniers beaux jours,
Dit un vainqueur des Pyramides,
Qui de désirs, les yeux humides,
Poursuit l objet de ses amours:
Pallas, dont l'ardeur périlleuse
A son char long-tems l'attacha,
Poursuit en vain la palme orgueilleuse
Qu'amour sous des myrtes cacha.

Mars dort sur le sein de Vénus;
Pendant ce repos salutaire,
Buvons, au bonheur de la terre,
Le nectar versé par Bacchus.

Aimant la paix et ses douceurs,
Ainsi chantait dans son délire,

En s'accompagnant de la lyre,
Un jeune élève des neuf sœurs :
La bergère naïve et sage
L'écoutait, l'amour dans les yeux,
Et les échos du voisinage
Portaient ce refrain jusqu'aux cieux :
Mars dort sur le sein de Vénus ;
Pendant ce repos salutaire,
Buvons, au bonheur de la terre,
Le nectar versé par Bacchus.

MA DERNIÈRE RÉSOLUTION.

Air du vaudeville des Chevilles de maître Adam.

Du papillon, toi qui fus le modèle,
Unique objet de mes derniers amours,
Ah ! le chagrin de te voir infidèle,
De mes chansons n'interrompt pas le cours ;
Des jeux, des ris, la troupe enchanteresse
Portant Bacchus, me veut abandonner :
Voilà pourquoi, trop sensible maîtresse,
Ton pauvre ami ne veut plus chansonner.

Je crus long-tems la beauté moins sensible
A d'heureux traits qu'à d'aimables chansons,
Et . pour la rendre à mes vœux accessible,
D'un galoubet j'osai tirer des sons :
Mais je la vis, dans les piéges que dresse
Un joli fat, assez souvent donner :
Voilà pourquoi, trop sensible maîtresse,
Ton pauvre ami ne veut plus chansonner.

Te souvient-il que l'Europe en alarmes
A de nos preux admiré les exploits,
Et vint deux fois, en deposant les armes,
Leur demander et la paix et des lois.
Deux fois aussi la Fortune traîtresse,
Pour un Calmouck put les abandonner :
Voilà pourquoi, trop sensible maîtresse,
Ton pauvre ami ne veut plus chansonner.

Les dons heureux de notre belle France,
Sur ses enfans justement répartis,
Avaient en moi fait naître l'espérance
De voir un jour s'éteindre les partis ;
Mais, se cachant sous un air d'allégresse,
J'entends la haine autour d'eux bourdonner :
Voilà pourquoi, trop sensible maîtresse,
Ton pauvre ami ne veut plus chansonner.

Il n'est qu'un Dieu dont l'équité solide
Abat le vice et soutient la vertu,

Et des humains l'orgueil faible et timide,
De leurs défauts partout l'a revêtu.
Malgré ce Dieu, pour nous plein de tendresse,
Contre Luther un mortel vient tonner :
Voilà pourquoi, trop sensible maîtresse,
Ton pauvre ami ne veut plus chansonner.

De l'amitié, de l'amour assemblage,
Ne change point, n'aime point à demi,
Et si parfois tu trouves un volage,
Reviens, reviens près de ton vieil ami ;
Il chantera, pour bannir ta tristesse,
Les vieux refrains qu'il aime à fredonner :
Car tu le sais, trop sensible maîtresse,
Ton pauvre ami ne veut plus chansonner.

L'EFFET D'UN BEL HABIT.

Air : Allons tous chez Ramponneau.

L'on admire mon babil :
Dans un dîner ma muse
Amuse ;
Mes bons mots ont du débit
Depuis que j'ai mon bel habit.

Hier encor j'étais plus triste
Et plus sombre qu'un rentier ;
Aujourd'hui d'un journaliste
        J'ai l'air altier.

L'on admire mon babil :
  Dans un dîner ma muse
        Amuse ;
Mes bons mots ont du débit
Depuis que j'ai mon bel habit.

Quand j'approchais de nos belles
Mon trouble était étonnant ;
Aujourd'hui je suis près d'elles
        Entreprenant.

L'on admire mon babil :
  Dans un dîner ma muse
        Amuse ;
Mes bons mots ont du débit
Depuis que j'ai mon bel habit.

De simple surnuméraire
La place eût été mon fait :
Aujourd'hui l'on peut me faire
        Maire ou préfet.

L'on admire mon babil :
  Dans un dîner ma muse
        Amuse ;

Mes bons mots ont du débit
Depuis que j'ai mon bel habit.

La simple et modeste chaise
Suffisait à mon orgueil;
Aujourd'hui je suis à l'aise
Dans un fauteuil.

L'on admire mon babil :
Dans un diner ma muse
Amuse;
Mes bons mots ont du débit
Depuis que j'ai mon bel habit.

D'un simple commis en place
Je reconnaissais le rang;
Maintenant avec audace
J'aborde un grand.

L'on admire mon babil :
Dans un diner ma muse
Amuse :
Mes bons mots ont du débit
Depuis que j'ai mon bel habit.

De la plus sotte personne
Je recevais des avis;
Aujourd'hui ceux que je donne
Sont tous suivis.

L'on admire mon babil :
Dans un dîner ma muse
Amuse ;
Mes bons mots ont du débit
Depuis que j'ai mon bel habit.

La presse sage et discrete
N'imprimait pas ma chanson ;
Mais aujourd'hui la gazette
Connait mon nom.

L'on admire mon babil :
Dans un dîner ma muse
Amuse ,
Mes bons mots ont du debit
Depuis que j'ai mon bel habit.

CARON.

CHANSON PHILOSOPHIQUE.

Air : Prenons d'abord l'air bien méchant.

Riche de tes quinze printems,
Sur le point d'essayer la vie,
Jeune vierge, si par le tems
A ta mère tu fus ravie,
Ce vieillard étouffe en un jour,
Dans ses bras nerveux qu'il enlace,
Fleur de vertu, rose d'amour :
Dans la barque il faut que tout passe.

Tu frissonnes à mon abord,
Jeune Français ; quoi, tu soupires !
Ne savais-tu pas que le sort
Détruisit les plus grands empires ?
J'ai passé leurs vainqueurs fameux,
Et ton pays, qui les surpasse,
Un jour disparaîtra comme eux :
Dans la barque il faut que tout passe.

Toi qui sus par tes jolis vers,
Volant du Parnasse à Cythère,
Instruire et charmer l'univers,
Tes yeux se tournent vers la terre
De Rousseau je saisis la main,
De ses vers je connus la grace :
Un autre te suivra demain ;
Dans la barque il faut que tout passe.

De sa main agitant les eaux,
Sur la terre un enfant s'élance
Pour saisir les frêles roseaux,
Image de sa faible enfance :
La Parque, à la voix de la Mort,
De filer ses beaux jours se lasse ;
Vieillard, il va subir ton sort,
Dans la barque il faut que tout passe.

Toi qui mourus au champ d'honneur,
En combattant pour la patrie,
A tes côtés avec horreur
Tu vois celui qui l'a flétrie :
Achille et Thersite, après lui,
Du Styx ont franchi l'espace,
Ministres d'hier, d'aujourd'hui,
Dans la barque il faut que tout passe.

Appuyé sur son aviron,
Le front ride, la voix austère.

Ainsi chantait le vieux Caron,
Forçant les ombres à se taire ;
Le républicain . le tyran,
Que la main du Destin entasse ,
Baissaient les yeux en soupirant :
Dans la barque il faut que tout passe.

LA SOEUR DE CHARITÉ.

Air : C'était de mon tems.

Qui dans nos foyers
N'a connu la sœur Eugénie ;
Pour tous nos guerriers ,
C'était un bienfaisant génie ;
Elle fit à quinze ans
Briller. malgré ses sens ,
Aux lieux où le courage implore
Les secours du dieu d'Épidaure ,
Son humanité
Et sa charité.

Des jeunes guerriers
Elle fermait les cicatrices ;

Combien de lauriers
Dus à ses vertus protectrices !
  Lorsque, par la douleur,
  D'un soldat la valeur
Las ! allait nous être ravie,
Sa main le rendait à la vie.
    Quelle humanité !
    Quelle charité !

  Sans se fatiguer,
Cette sœur toujours bienfaisante
    Allait prodiguer
Même à la bravoure expirante
    Des bouillons succulens
    Et des vins excellens,
Pour en avoir la quintessence
Aux jours de sa convalescence.
    Quelle humanité !
    Quelle charité !

  Maint héros fameux
Dans ses bras perdit la lumière ;
    Mais sitôt qu'un pieux
Avait terminé sa carrière,
    Souvent sans y penser
    Elle sut remplacer
Le brave que perdait la France ;
A quinze elle donna naissance,
    Quelle humanité !
    Quelle charité !

Son cœur bon , aimant ,
Dans chaque soldat de l'armée
Voyait un amant ;
Aussi comme elle fut aimée !
Les dignités, l'honneur
Séduisaient peu son cœur ;
Sa belle ame , aimante et sensible ,
Fut même aux tambours accessible.
Quelle humanité !
Quelle charité !

Un ministre , hélas !
Ayant entendu parler d'elle ,
Fit pour un repas
Mettre en vers sa flamme nouvelle ;
L'or, ou son impromptu ,
Ébranla sa vertu :
Enfin elle quitta l'armée,
Qui regretta tout alarmée
Son humanité
Et sa charité.

L'éclat de la cour
Cependant ne fit jamais taire
L'amitié , l'amour
Qu'elle portait au militaire :
Elle quittait son rang
Pour elle indifférent ;
Et malgré la foule bavarde

Elle allait prouver à la garde
Son humanité
Et sa charité.

Bien près de mourir,
Sa main repoussant la souffrance,
Cherchait à saisir
Encor le fil... de l'existence :
Enfin elle expira ;
Plus d'un brave en pleura ,
Et dit en essuyant ses larmes .
L'on n'oubliera jamais ses charmes,
Son humanité
Et sa charité.

LA VIE DU BON LABOUREUR.

ROMANCE.

Air : Ermite, bon ermite.

Sous une humble chaumière
Que le soleil naissant
Dore de la lumière
D'un disque blanchissant :

Loin des faux dieux qu'encense
La sottise des cours,
Au sein de l'innocence,
Des ans suivant le cours ;

Sans orgueil, sans envie,
Sans faste, sans terreur,
Ainsi coule la vie,
    La douce vie
    Du bon laboureur

Quand, pour charmer Céphale,
Aurore le matin
En s'éveillant étale
Les roses de son teint,
Il voit avec ivresse
Un tableau séduisant
Que cache la paresse
A l'œil du courtisan.

Sans orgueil, sans envie,
Sans faste, sans terreur,
Ainsi coule la vie,
    La douce vie
    Du bon laboureur.

Pour lui, Zéphyre et Flore
Émaillent leurs tapis ;
Pour lui Cérès colore
Ses ondoyans épis.

Pomone a ses yeux brille
De ses trésors ouverts :
Près d'un feu qui pétille
Il brave les hivers.

Sans orgueil, sans envie,
Sans faste, sans terreur,
Ainsi coule la vie,
  La douce vie
Du bon laboureur.

Il fuit la multitude
Des importuns divers ;
La douce solitude,
Voilà son univers.
Sa maison fortunée
Est sans verroux épais,
Mais nul jour de l'année
N'en voit sortir la paix.

Sans orgueil, sans envie,
Sans faste, sans terreur,
Ainsi coule la vie,
  La douce vie
Du bon laboureur.

Aux discordes civiles
En tout tems étranger,
Près des flatteurs serviles
Il ne peut se ranger.

Sensible à la souffrance
De la patrie en pleurs,
Il ne voit que la France
Et jamais les couleurs.

Sans orgueil, sans envie,
Sans faste, sans terreur,
Ainsi coule la vie,
   La douce vie
 Du bon laboureur.

L'on ne voit sur sa table
Ni ces mets estimés,
Ni ce vin délectable
Dont les rois sont charmés :
Mais chaque fruit qu'il touche
Mûrit dans la saison,
Et dans le vin sa bouche
Ne craint point le poison.

Sans orgueil, sans envie,
Sans faste, sans terreur,
Ainsi coule la vie,
   La douce vie
 Du bon laboureur.

Les foudres politiques
Dispersent en débris
Les orgueilleux portiques,
Les fastueux lambris.

Sa retraite champêtre ,
Exempte de ces coups ,
Est la seule peut-être
Qui brave leur courroux.

Sans orgueil , sans envie ,
Sans faste , sans terreur ,
Ainsi coule la vie ,
    La douce vie
  Du bon laboureur.

Du passé qui s'envole
Sur les ailes du Tems ,
L'instant present console
Ses sens toujours contens.
La Mort , à son caprice ,
Vers lui peut accourir :
Qui méconnut le vice
Ne craint point de mourir.

Sans orgueil , sans envie ,
Sans faste , sans terreur ,
Ainsi coule la vie ,
    La douce vie
  Du bon laboureur.

HERCULE.

AIR : Toto, carabo.

HERCULE, dit l'histoire,
N'eut, grace à ses travaux.
    Nuls rivaux ;
Il sut chanter et boire,
Fréquentait les festins,
    Les catins.

Comme il s'en donnait !
Comme il en prenait,
    Ah ! quand il s'y trouvait !
C'est étonnant (bis) la force qu'il avait.

Graces à sa structure,
Les mechans, les fripons,
    Les larons,
Plus que la préfecture
Craignaient son bras, pour eux
    Trop nerveux.

Comme il s'en donnait !
Comme il en prenait ,

Ah! quand il s'y trouvait!
C'est étonnant (*bis,* la force qu'il avait.

Les traiteurs de la Grèce,
  Dont il visitait les
      Cabinets,
Disent que sa tendresse
Eut pour trône souvent
      Un vieux banc.

Comme il s'en donnait!
Comme il en prenait,
Ah! quand il s'y trouvait!
C'est étonnant (*bis*) la force qu'il avait.

D'amour les étincelles
Ayant su l'émouvoir,
      Il fit voir
A cinquante pucelles
Ce qu'il avait de cœur,
      De vigueur.

Comme il s'en donnait!
Comme il en prenait,
Ah! quand il s'y trouvait!
C'est étonnant (*bis*) la force qu'il avait.

Chez une souveraine
Mon sot s'encanailla
      Et fila,

Et près de cette reine
Fit pour mouiller son lin
   Le calin.

Comme il s'en donnait !
Comme il en prenait,
Ah ! quand il s'y trouvait !
C'est étonnant (bis) la force qu'il avait.

Mais comme pour la fille
Il quittait sans façon
   La maison,
Sa femme avec un drille
Un beau soir s'arrangea,
   Se vengea.

Comme il s'en donnait !
Comme il en prenait,
Ah ! quand il s'y trouvait !
C'est étonnant (bis) la force qu'il avait.

Cupidon à la dame
Fit avec son flambeau
   Un bobo;
Puis elle en bonne femme
Le transmit au mari
   Peu chéri.

Comme il s'en donnait !
Comme il en prenait,

Ah! quand il s'y trouvait !
C'est étonnant (*bis*) la force qu'il avait.

Le dieu, rongé sans cesse
Par cet affreux mal là,
Se brûla.
Les dames de la Grèce
Disent encor de lui
Aujourd'hui :

Comme il s'en donnait !
Comme il en prenait.
Ah! quand il s'y trouvait !
C'est étonnant (*bis*) la force qu'il avait.

LA PORTIÈRE.

Air du vaudeville du Diable à quatre.

Je suis sans chagrin et sans tourment,
Et dans ma loge,
Où la gaîté loge,
L'été fraîchement,
L'hiver chaudement,
Je tire le cordon gaîment.

J'ai soixante ans, et je suis portière :
Est-il un plus aimable métier ?
Je sais beaucoup mieux que la laitière
Ce qu'on dit et fait dans le quartier.

Je suis sans chagrin et sans tourment ;
  Et dans ma loge,
  Où la gaîté loge,
  L'été fraîchement,
  L'hiver chaudement,
 Je tire le cordon gaîment.

À Cupidon en rendant hommage,
Je sais qu'il est de jeunes amans
Qui n'attendent pour être en ménage
Ni le maire ni les sacremens.

Je suis sans chagrin et sans tourment ;
  Et dans ma loge,
  Où la gaîté loge,
  L'été fraîchement,
  L'hiver chaudement,
 Je tire le cordon gaîment.

Au cinquième est une jeune fille
Qui tous les trois mois vient me prier
De ne pas dire que son aiguille
N' suffit pas pour payer son loyer.

Je suis sans chagrin et sans tourment ;
  Et dans ma loge,

Où la gaîté loge
L'été fraîchement
L'hiver chaudement,
Je tire le cordon gaîment.

La femme d'un comte qu'on révère
Au monde vient de mettre un enfant;
Je sais ben qu' Lafleur en est le père,
Mais de l'dire un cadeau me défend.

Je suis sans chagrin et sans tourment :
Et dans ma loge,
Où la gaîté loge,
L'été fraîchement,
L'hiver chaudement,
Je tire le cordon gaîment.

Quelquefois elle déjeune en ville;
Mais notre comtesse a si bon cœur,
Que je dis au comte, en femme habile,
Qu'elle est allée au bain Saint-Sauveur.

Je suis sans chagrin et sans tourment;
Et dans ma loge
Où la gaîté loge,
L'été fraîchement,
L'hiver chaudement,
Je tire le cordon gaîment.

La jeune et sensible cuisinière,

Avec son amant voulant coucher,
Souvent donne à la vieille portiere
Ce qu'elle gagna chez le boucher.

Je suis sans chagrin et sans tourment ;
    Et dans ma loge ,
    Où la gaîté loge ,
    L'été fraîchement ,
    L'hiver chaudement ,
  Je tire le cordon gaiment.

J'eus des faiblesses , je fus aimante ;
Ma portiere ouvrait à mes amans :
Maintenant j'fais, en femme obligeante.
Ce qu'elle fit pour moi dans mon tems.

Je suis sans chagrin et sans tourment :
    Et dans ma loge ,
    Où la gaîté loge ,
    L'été fraîchement ,
    L'hiver chaudement ,
  Je tire le cordon gaiment.

Pour portier', d'puis qu'on voulut ben m' prendre ,
Qu' j'ai vu changer d' galons et d'habits !
Tranquill'ment j'vis s'monter et r'descendre
Nos barons et nos anciens marquis.

Je suis sans chagrin et sans tourment :
    Et dans ma loge ,
    Où la gaîté loge ,

L'été fraîchement ,
L'hiver chaudement ,
Je tire le cordon gaîment.

Quelquefois sur ma vieille couchette
Cupidon fait encore un larcin ;
Le cocher y roule la soubrette,
Tandis que je vais chercher du vin.

Je suis sans chagrin et sans tourment ;
    Et dans ma loge
    Où la gaîté loge ,
    L'été fraîchement ,
    L'hiver chaudement ,
Je tire mon cordon gaîment.

A l'abri d' l'envie et d' la brigue ,
Au jour de l'an on m'fait plus d'un don ;
Je ne sollicite ni n'intrigue :
Tout ce que j'ai, je l'dois à mon cordon.

Je suis sans chagrin et sans tourment ;
    Et dans ma loge
    Où la gaîté loge ,
    L'été fraîchement ,
    L'hiver chaudement ,
Je tire le cordon gaîment.

LES CONSEILS
D'UN PÈRE A SON FILS.

Air du vaudeville de Malbrouk.

Mon fils j'ai de l'expérience,
Tu dois le voir à mes cheveux,
Comme toi dès l'adolescence
A nos belles j'offrais mes vœux :
Mais aux genoux d'une froide maîtresse
Je n'allais pas gémir et soupirer ,
Je parlais peu d'amour , de tendresse ,
Mais dans un bois je savais l'attirer.

Ecoute les avis d'un père
Dont le plaisir fila les jours ;
Sache que l'amant téméraire
Est le plus chéri des amours.
Qu'un Céladon aux pieds d'une cruelle
Meure d'amour et n'en puisse inspirer ,
Toi tu vaincras les rigueurs d'une belle
Lorsqu'en un bois tu sauras l'attirer.

Dans le cœur de jeune maîtresse,
Qu'Amour ne put encor blesser,
Fais pénétrer avec adresse
Le trait qu'elle veut repousser ;
Et tu verras que son indifférence
Sous ce trait là doit bientôt expirer.
En badinant avec intelligence
Au fond d'un bois si tu peux l'attirer.

Tandis qu'avec une romance
Qu'il fredonne dans un sallon,
Près des belles un fat s'avance
Par un chemin beaucoup trop long.
Enfile droit pour aller à Cythère
L'étroit sentier qu'Amour sut te montrer,
Fais à ta belle une chanson légère
Et dans un bois tâche de l'attirer.

Ovide pour plaire à Julie
D'Apollon dedaigna la cour,
Mais dans la main de son amie
Il mit le flambeau de l'Amour.
Elle oublia la grandeur mensongère
Où son orgueil avait droit d'aspirer ;
Et ne vit plus qu'Ovide sur la terre
Dès qu'en un bois il eut su l'attirer.

A sa Lisette qu'il dispose,
Vois le gros et pesant Lucas

Présenter un bouton de rose ,
Dont la tige ne fléchit pas ;
Du campagnard la brillante éloquence
Est de savoir agir et désirer :
Lise rougit , et Lucas en silence
Au fond d'un bois va bientôt l'attirer.

Sache jouir de ta jeunesse ,
Cet âge est celui du plaisir ;
Ce dieu qui voltige sans cesse
Nous avertit de le saisir.
Il vient un tems où la beauté sévère
Ne permet plus même de desirer.
Hélas ! mon fils , vieillard sexagénaire
Au fond d'un bois ne peut plus l'attirer.

L'ÉTONNANT VILLAGEOIS.

Air : Gai , gai , etc.

Gai , gai , chantons Lucas ,
De qui l'allure
Et la riche encolure
Pourraient dans tous les cas
Remplir d'amour
Les dames de la cour.

Amant qui compose
Des vers à l'eau rose ,
Commis fieluquets ,
Malgré vos caquets ,
Devant ce bon drille
Près de jeune fille
Au teint vermillon ,
Baissez pavillon.

Gai , gai , chantons Lucas ,
     De qui l'allure
Et la riche encolure
Pourraient dans tous les cas
     Remplir d'amour
Les dames de la cour.

     Vigueur et souplesse .
     Barbe noire , épaisse ,
     Œil étincelant ,
     Doigt vif et galant ,
     Nez de bonne augure
     Et brune figure ,
     Vigoureux jarret ;
     Voilà son portrait.

Gai , gai , chantons Lucas ,
     De qui l'allure
Et la riche encolure
Pourraient dans tous les cas
     Remplir d'amour
Les dames de la cour.

Près de jeune veuve,
Près de fille neuve,
Que l'Amour frappa
Malgré son papa,
Si ce dieu l'attire
Lucas se retire
En homme prudent,
De peur d'accident.

Gai, gai, chantons Lucas,
De qui l'allure
Et la riche encolure
Pourraie nt dans tous les cas
Remplir d'amour
Les dames de la cour.

Comme à la musique
Parfois il s'applique,
Aux belles il plaît
Par son flageolet.
La moins impassible
Dit qu'elle est sensible
A l'accord charmant
De son instrument.

Gai, gai, chantons Lucas,
De qui l'allure
Et la riche encolure
Pourraient dans tous les cas
Remplir d'amour
Les dames de la cour.

La moins amoureuse ,
La plus scrupuleuse ,
Ose se flatter
Un jour d'en tâter.
Je vis à la danse
Lisette , Constance
Un jour se fâcher
Et se l'arracher.

Gai , gai , chantons Lucas ,
    De qui l'allure
Et la 'riche encolure
Pourraient dans tous les cas
    Remplir d'amour
Les dames de la cour.

Une chansonnette ,
Franche , guillerette ,
A notre vaurien
Coûte presque rien.
L'esprit sans culture ,
Pourtant sans rature
Ses douze couplets
Sont toujours complets.

Gai , gai , chantons Lucas ,
    De qui l'allure
Et la riche encolure
Pourraient dans tous les cas
    Remplir d'amour
Les dames de la cour.

Gai . gai, chantons Lucas,
    De qui l'allure
Et la riche encolure
Pourraient dans tous les cas
    Remplir d'amour
Les dames de la cour.

    L'orgueil rend peu sage
    Et de son village
    N'évite-t-il pas
    Les jeunes appas ;
    Mais , avec leurs flammes,
    Les filles , les femmes
    De nos intendans
    L'ont mis sur les dents.

    Ha ! ha ! pauvre Lucas
        Par ton allure
    Et la riche encolure
    Tu ne peux plus , hélas!
        Remplir d'amour
    Les dames de la cour

L'OPTIMISTE.

Air : C'est un péché que la paresse.

En dépit d'un censeur austère ,
Panglose , j'ai ton caractère .
Je pense que tout sur la terre .
    Est bien ,
  Et ne me plains de rien.

Bacchus , la Folie ,
Barbouillés de lie
Et femme jolie
Charment tous mes jours.
Si tout change au monde ,
En vain l'on me fronde ,
Je change à la ronde
De vins et d'amours.

En dépit d'un censeur austère ,
Panglose , j'ai ton caractère .
Je pense que tout sur la terre
    Est bien ,
  Et ne me plains de rien.

Si parfois Délie ,
Un moment oublie

Le nœud qui nous lie
Et quitte mes pas.
Je fais la conquête
D'une autre coquette,
Que sans sa retraite
Je n'obtenais pas.

En dépit d'un censeur austère,
Panglose, j'ai ton caractère,
Je pense que tout sur la terre
　　Est bien,
　Et ne me plains de rien.

Qu'à mes vœux rebelle,
Eglé jeune et belle,
De faveur nouvelle
Veuille me priver,
Je dis : Cette amie,
De la frénésie,
De la jalousie
Veut me préserver.

En dépit d'un censeur austère,
Panglose, j'ai ton caractère,
Je pense que tout sur la terre
　　Est bien,
　Et ne me plains de rien.

Si le vin que j'aime
Autant que moi-même
Vient d'un trouble extrême

Frapper ma raison,
Il me communique
Le trait électrique
Du transport bachique
Et de la chanson.

En dépit d'un censeur austère,
Panglose, j'ai ton caractère,
Je pense que tout sur la terre
        Est bien,
    Et ne me plains de rien.

C'est dans le naufrage
Que du vrai courage,
Font l'apprentissage
Les fiers nautonniers.
Un revers illustre,
Français! nous illustre
Et donne du lustre
A nos faits guerriers.

En dépit d'un censeur austère,
Panglose, j'ai ton caractère,
Je pense que tout sur la terre
        Est bien,
    Et ne me plains de rien.

Je sais que la Parque
Un jour nous embarque
Dans la frêle barque
Du nocher Caron.
Loin que j'en murmure :

Moi je me rassure
Car je me figure
Embrasser Piron.

En dépit d'un censeur austère,
Panglose, j'ai ton caractère,
Je pense que tout sur la terre
 Est bien,
 Et ne me plains de rien.

MARGUERITE.

Air nouveau.

Marguerite est assurément
Coquette, légère, inconstante;
Mais je lui pardonne aisément,
 Elle est si complaisante.

 Qui n'a connu l'amour
 Le doit connaître un jour.
 Si du mérite
 De Marguerite
 Un trait joyeux
Vient à frapper ses yeux.

Marguerite est assurément
Coquette, légère, inconstante;

Mais je lui pardonne aisément,
　Elle est si complaisante.

　Elle orne un favori,
　Souvent comme un mai,
　　Mais change-t-elle,
　　Au moins ma belle
　　A son amant
Permet d'en faire autant.

Marguerite est assurément
Coquette, légère, inconstante ;
Mais je lui pardonne aisément,
　Elle est si complaisante.

　Mes amis en buvant
　Tremblent assez souvent ;
　　Ma tendre amante,
　　Bonne, obligeante,
　　Verse pour eux
Le champagne mousseux.

Marguerite est assurément
Coquette, légère, inconstante ;
Mais je lui pardonne aisément,
　Elle est si complaisante.

　Quand Bacchus sans effort
　Sur son beau sein m'endort,
　　Bonne et jolie
　　Son cœur oublie

Travaux d'amour,
Pour les doubler au jour.

Marguerite est assurément
Coquette, légère, inconstante ;
Mais je lui pardonne aisément,
    Elle est si complaisante.

    Si l'Amour maladroit
    Me blesse en quelque endroit,
        Elle a l'étoffe
        D'un philosophe,
        Et vient m'offrir
    Le moyen d'en guérir.

Marguerite est assurément
Coquette, légère, inconstante ;
Mais je lui pardonne aisément,
    Elle est si complaisante.

    Quand chez moi Cupidon
    A soufflé son brandon,
        De Marguerite
        La main l'agite,
        Et sans dédain
    Le rallume soudain.

Marguerite est assurément
Coquette, légère, inconstante :
Mais je lui pardonne aisément,
    Elle est si complaisante.

Je lui montre l'amour

. . . .

Qu'il se présente
Chez mon amante,
Ferme, debout,
Il est admis partout.

Marguerite est assurément
Coquette, légère, inconstante ;
Mais je lui pardonne aisément,
Elle est si complaisante.

LE PRINTEMS.

Air :

Déjà l'hiver au front neigeux
De verdure a paré ses rides :
Les eaux redeviennent limpides,
L'amour renaît avec les jeux,
Les pervanches, les violettes
Paraissent malgré les autans.
Souriez, jeunes bergerettes,
Vous allez revoir le printems.

Quel est donc cet enfant joyeux,
Semant partout des fleurs nouvelles :

De Zéphyre il porte les ailes :
L'amour pétille dans ses yeux,
Les roses formant sa parure
Embaument l'air, et tous les ans
Il vient réveiller la nature :
Mortels, saluez le printems.

De vos beaux jours sachez jouir,
Dit la Nature avec sagesse ;
Beauté, vigueur, santé, jeunesse,
Tout va bientôt s'évanouir.
Et si la corbeille de Flore
Entrouvre mon sein tous les ans,
La vie, hélas! n'a qu'une aurore,
Et les belles n'ont qu'un printems.

ADIEU, PANIER.

Air : Adieu, panier, vendanges sont faites.

C'EST dans une de ses retraites
Que Momus vient nous réunir.
Chers amis, nous ferons mentir
   Adieu, panier,
   Adieu, panier,

En fait d'amitié, de plaisir.
Adieu, panier, vendanges sont faites.

Sage amitié, folles goguettes,
Que par vous le vin soit fêté ;
Chassons ce refrain trop chanté :
        Adieu, panier,
        Adieu, panier,
En fait de bonheur, de gaîté,
Adieu, panier, vendanges sont faites.

Nous qui courtisons les grisettes,
Bannissons le ton aigre doux :
D'elles que l'on dise après nous :
        Adieu, panier,
        Adieu, panier,
Petits trésors, charmans bijoux,
Adieu, panier, vendanges sont faites.

LE CONFESSEUR MOMUSIEN.

Air : En revenant de Bâle en Suisse.

Pour être dévot je l'oublie,
Monde gastronome et paillard :
Mais j'ai pris, sage en ma folie,
Pour confesseur un franc gaillard.

    Avec allégresse
    Répétez en chœur:
    Gloire à la sagesse
    De mon confesseur.

Mortel vertueux, sans reproche,
De fleurs il orne ses cheveux;
Il met le poulet à la broche,
Et se fabrique ses neveux.

    Avec allégresse
    Repétez en chœur:
    Gloire à la sagesse
    De mon confesseur.

Je tremblais allant à confesse;

Mais il me dit d'un ton si doux :
Je connais l'humaine faiblesse,
Hélas! mon fils, nous péchons tous.

    Avec allégresse
    Répétez en chœur :
    Gloire à la sagesse
    De mon confesseur.

Sans crainte ouvre ta conscience,
Mon fils, avec le plus grand soin,
Et pour toi j'aurai l'indulgence
Dont j'eus plus d'une fois besoin.

    Avec allégresse
    Répétez en chœur ;
    Gloire à la sagesse
    De mon confesseur.

Eh bien! à vos genoux, mon père,
Vous voyez un grand libertin
Qui conduit Bacchus à Cythère.
— C'est imiter saint Augustin.

    Avec allégresse
    Repetez en chœur :
    Gloire à la sagesse
    De mon confesseur.

Auprès de voisine chérie
Je fis l'ouvrage du voisin.

— Du ciel, mon fils, la voix nous crie :
Quand tu peux aide ton prochain.

   Avec allégresse
   Répétez en chœur :
   Gloire à la sagesse
   De mon confesseur.

Mes amours avec ma cousine
Furent, hélas ! trop apparens.
— Rassure-toi, la loi divine
Ordonne d'aimer ses parens.

   Avec allégresse
   Répétez en chœur :
   Gloire à la sagesse
   De mon confesseur.

Voulant plaire à toutes les belles,
Sans cesse mon cœur voltigea.
— Je suis certain que l'une d'elles
Pour tes péchés te corrigea.

   Avec allégresse
   Répétez en chœur :
   Gloire à la sagesse
   De mon confesseur.

De belles fleurs dans leur calice
Ont souvent un poison caché ;
J'en fus atteint. — Ce maléfice
Est, mon fils, ton plus grand péché.

Avec allégresse
Répétez en chœur :
Gloire à la sagesse
De mon confesseur.

Mais sans le secours de Mercure
Un docteur me rendit plus sain.
— Je te pardonne ta luxure ;
Enseigne-moi ton médecin.

Avec allégresse
Répétez en chœur :
Gloire à la sagesse
De mon confesseur.

Je tremble pour ma conscience ;
Mais, s'il en était encor temps,
Je voudrais faire pénitence.
—Fais toi solitaire à cent ans.

Avec allégresse
Répétez en chœur :
Gloire à la sagesse
De mon confesseur.

Courte et bonne étant ma devise,
Aux enfers je crains de rôtir.
— On a lorsque l'on agonise
Tout le temps de se repentir.

Avec allégresse
Répétez en chœur :
Gloire à la sagesse
De mon confesseur.

C'EST A VOTRE TOUR A CHANTER.

Air : On dit que je suis sans malice.

Au milieu de ma modestie
L'amour-propre est de la partie ;
On le voit chez moi se nicher
Malgré mon art à le cacher :
Et souvent on m'a vu sourire
Sitôt que je m'entendais dire ,
Croyant qu'on allait m'écouter :
C'est à votre tour à chanter.

Par l'actrice et par la dévote
Une adresse en secret se vote
Pour racourcir les cotillons
Et ralonger le goupillons.
Aux champs , à la cour , à la ville ,
Joyeux troupeau du vaudeville .

On met son honneur à flatter :
C'est à votre tour à chanter.

Assez longtems la chansonnette
De Clio saisit la trompette ,
Dans nos vers tâchons d'oublier
Les mots honneur , gloire et laurier.
Gai , ressaisissons la marotte ,
Momus , qu'un piquant refrain trotte ,
Mais se tait , il veut écouter ,
C'est à votre tour à chanter.

En écoutant la chansonnette
Qu'à l'écho répétait Annette ,
De chanter , s'écria l'Amour ,
Enfin j'entrevois l'heureux jour.
L'Hymen aussitôt se présente ,
Fait une épouse d'une amante :
Coucou l'on va vous écouter ,
C'est à votre tour à chanter.

Bien qu'étant très loin de l'attendre ,
Si la mort venait me surprendre
En vous fredonnant ce refrain ,
Je lui dirais prenant sa main :
Asseyez-vous , poulette aimable ,
De vous avoir à cette table
Nul de nous n'osait se flatter ,
C'est à votre tour à chanter.

LES ÉPINES ET LES ROSES.

Air du vaudeville des Amans sans amours.

Satisfait de mon existence
Et cherchant toujours le plaisir,
Loin de blâmer la providence
Des maux qu'elle me fait souffrir,
J'applaudis sa bonté divine,
Qui mit les larmes près des lis,
Puisqu'une rose sans épine
A mes yeux n'aurait aucun prix.

Des héros féconds en ruines,
De meurtre et de sang altérés,
Font souvent naître des épines
Où croissaient des épis dorés.
Mais nous pardonnons à la Gloire
Les pleurs que fait couler sa main,
Quand la Paix après la victoire
De roses sème le chemin.

Si quelquefois la Jalousie
S'assied sur le lit des Amours,

Ne crains pas, belle Anastasie,
Qu'en nuits elle change nos jours:
Pour les amans qu'elle chagrine,
Se racommoder est si doux.
Que si la rose a son épine,
L'amour vrai doit être jaloux.

Avec peine au pied du Parnasse
Un auteur s'étant avancé,
Sans difficulté près d'Horace
Avec Boileau se croit placé;
Apollon, qui s'en indispose,
Lui fait sentir à chaque pas
Que lorsqu'il accorde une rose
Les épines n'y manquent pas.

Pour nous que Dieu mit sur la terre
Pour chanter le vin, les amours,
Les plaisirs et la bonne chère,
En les fêtant coulons nos jours;
Et les épines de la vie
Autour de nous croîtront en vain,
Si Bacchus, l'Amour, la Folie
De roses sèment le chemin.

C'EST TOUJOURS ÇA.

Air : Faute d'un moine l'abbaye.

Maintenant que je suis vieillie,
Les graces ont quitté mes pas,
Pourtant je fus fraîche et jolie ;
Chacun admirait mes appas
Et je marmottai, bouche close,
Lorsqu'à douze ans l'on m'embrassa :
On ne peut me faire autre chose ;
 C'est toujours ça.

La noce de la jeune Lise,
Se prolongeant loin dans la nuit,
Je fus avec sa sœur Denise
Coucher dans le même réduit.
Denise, loin d'être une prude,
Aux jeux d'amour me devança,
Et m'en fit goûter le prélude ;
 C'est toujours ça.

A quatorze ans, sous la coudrette
Pierre me surprit en secret,

Sans égard pour ma collerette
Il mit la main dans mon corset,
Je m'écriai : Dieu ! quel dommage !
Lorsque le sot la déplaça,
S'il ne m'en fait pas davantage,
    C'est toujours ça.

Plus vif et beaucoup moins timide,
Un jour le vigoureux Lucas,
D'une main adroite, intrépide,
Me saisit dans le même cas :
Je bégayai, quand pour me plaire
Six fois de suite il m'embrassa.
En amour si l'on peut mieux faire,
    C'est toujours ça.

Un huissier, deux clercs de notaire,
Six jeunes commis de l'octroi :
Huit gendarmes, un mousquetaire,
Tour à tour ont reçu ma foi.
Je ne fus jamais inhumaine,
Riant de ce qu'on en pensa,
Je fredonnai chaque douzaine,
    C'est toujours ça.

Comme il faut enfin que tout cesse,
Et que j'ai soixante et dix ans,
J'ai mis un terme à la tendresse
Malgré mes désirs renaissans.

D'amour qui me fuit d'une lieue
Dans mon cœur le trait s'émoussa ,
Mais Raton y passe la queue ,
　　C'est toujours ça.

MES AMIS , CANONNISEZ-MOI.

Air des cinq codes.

J'ai montré tout l'esprit j'espère
Qu'il faut pour être au rang des saints ;
Allons remplacer le saint-père ,
Secondez mes pieux desseins :
Aimer , rire , chanter et boire
Fut toujours mon unique emploi ,
Et là finira mon histoire ;
Mes amis , canonnisez-moi.

Des desirs fuyant la démence ,
Avec un tendron dégourdi ,
Loin de roucouler la romance
Je fis parler un doigt hardi.
Je pris toujours par escalades

Fillette dont j'obtins la foi .
M'excusant par six accolades ;
Grisettes . canonnisez-moi.

J'ai dans maintes chansons legères
Ri des amoureux fieluquets ,
J'ai ri quand des jeunes bergères
L'Amour effeuillait les bouquets ;
J'ai ri lorsque l'Hymen farouche ,
Qui d'Amour doit suivre la loi ,
De noirs soucis parait sa couche ;
Chansonniers , canonnisez-moi.

Sachant que l'esprit s'affriole
Par un vif et piquant refrain ,
J'ai toujours pour la gaudriole
Pris la muse de Tabarin ;
Laissant le rabot et la lime ,
De la Gaîté suivant la loi
Pour elle j'ai quitté la rime ;
Momusiens, canonnisez-moi.

Bacchus, aucun plaisir n'est stable ,
Quand je bus avec un ami ,
L'aurore vingt fois sous la table
En naissant me vit endormi :
Mais me redressant sur l'arène
Où je fus abattu par toi ,

Pour l'A: j'ai pris du Surène ;
Francs buveurs, canonnisez-moi.

Ainsi qu'on m'aura vu la veille
En chansonnant suivre un tendron,
Je prendrai le bras de la vieille
Qui nous mène au sombre Achéron,
En lui disant : Il faut, mignonne,
Que tout subisse votre loi :
Partons, je l'ai fait courte et bonne ;
Bons vivans, canonnisez-moi.

LES GIBOULÉES.

Air de la paille.

De Momus que nous chérissons,
Joyeux amis, rendons-nous dignes,
Des jeux, des ris et des chansons
En tous lieux arborons les signes.
Du plaisir saisissons toujours
Les heures trop tôt écoulées,
Puisque nos plaisirs, nos amours
Passent comme les giboulées.

Lorsque pour la première fois
Mars dans son cours trahit la France,

De revoir les lis de ses rois
Elle conserva l'espérance,
Quand le ciel rendit à ses pleurs
Leurs nobles tiges exilées,
Soudain elle vit ses malheurs
Passer comme les giboulées.

Nos poètes et nos guerriers,
Nageant sur le torrent des âges,
Viendront, le front ceint de lauriers,
De l'histoire occuper les pages,
Et de nos chevaliers errans
Les fausses grandeurs écroulées
Passeront avec leurs rubans
Comme le tems des giboulées.

Lorsque nous nous réunissons
Pour manger, chanter, rire et boire,
De nos repas nous bannissons
Et les soucis et l'humeur noire.
De mets et de vins succulens
Nos tables sont-elles comblées,
Je dis : Ils vont en peu d'instans
Passer comme des giboulées.

Tout subit le même destin,
Rien n'est épargné sur la terre.
L'on voit passer en un matin
La reine et la simple bergère;
Notre sagesse, nos erreurs,

Par la main du Tems rassemblées,
Avec nos plaisirs, nos douleurs,
Passent comme des giboulées.

LE PANIER.

Air du vaudeville des Maris ont tort.

Aussitôt que ma faible Muse
Fredonne des couplets nouveaux,
La douce Amitié qui s'abuse
Les accueille par des bravos ;
Mais certain de leur négligence,
Bons amis, je viens vous prier
De montrer la même indulgence
Quand je vous offre mon panier.

De Momus en suivant la trace,
Collé, dans un riant bosquet,
Des fleurs brillantes du Parnasse
Voulait composer un bouquet,
L'on vit tomber les plus légères
Des mains de ce gai chansonnier ;
Mais je n'ai pu, joyeux confrères,
En recevoir dans mon panier.

O jours heureux de mon enfance ,
Qu'avec plaisir je pense à vous!
Le Destin me fait la défense
De revoir des momens si doux.
Dans la nacelle de la vie
Quand j'entrai faible nautonnier ,
L'Innocence , écartant l'Envie
Vint me bercer dans son panier.

Du panier de jeune fillette
Quand l'Amour arrache des fleurs ,
Les fruits qu'il y met en cachette
Souvent font verser bien des pleurs ;
Mais elle brave l'inconstance
Du dieu qu'elle fait prisonnier,
En mettant de la résistance
A céder son joli panier.

J'en connais un bien moins fragile
Et dont on n'use pas en vain ;
Il joint l'agréable et l'utile ;
Amis. c'est un panier de vin ;
Il fait le héros , le poete ,
L'homme aimable et le chansonnier ,
Bravoure , esprit , gaîté , fleurette ,
Sortent de ce charmant panier.

Le Tems , qui toujours se dépèche
Nous dit : Saisissez les instans

La rose n'est pas toujours fraîche,
L'homme n'a pas toujours vingt ans.
Mortels, les jours de la folie
Sont comme un souffle printannier :
Jouis ; car les fleurs de la vie
Vont se faner dans ton panier.

L'ENFANT DU RÉGIMENT.

Air : Reli, relan

Amis, sous ma jeune figure,
Voyez un de ces vieux soldats
Dont le cœur en secret murmure
De dire au nombre tu cédas.
Fils d'un faux pas et de la guerre,
Qui m'ont fait sortir du néant,
   Reli, relan,
Vous demandez quel est mon père :
Je suis l'enfant du régiment.

Une fillette assez jolie,
Que perçaient mille traits d'amour,
Dans les plaines de l'Italie
Sur l'herbe me donna le jour
Un d'nos fourriers sus l'baptistère

Comme l'papa signa gaîment.
    Reli , relan.
Pourtant si j'crois c' qu'on dit d' ma mère
Je suis l'enfant du régiment.

J'eus pour protéger mon enfance
Les baïonnettes d'nos héros ,
Et j'passai mon adolescence
Sous des lauriers et des drapeaux :
Des hussards bien faits et sans tache
On m' disait qu' j'étais l' signal ment ,
    Reli , relan ,
Et j' disais riant dans ma moustache
Je suis l'enfant du régiment.

J'avais atteint quinze ans à peine ,
Et nous étions en garnison ,
Lorsque j'aperçus dans la plaine
La vive et sensible Lison ;
En m'approchant de la bergère
Mon cœur gonflé s'mit en mouv'ment ,
    Reli , relan ;
Car tenant tant soit peu d'ma mère
J'étais l'enfant du régiment.

Comm' j'savais pour toutes les belles
Un compliment sur l'bout du doigt ,
D'un' main j'fais sauter mes bretelles ,
L'autre occupait certain endroit :

—Oh ! mon Dieu ! qu'allez-vous donc m' faire ?
—La bell', n'ayez aucun tourment,
    Reli , relan ,
J' vous f'rai c' que l'on fit à ma mère
En f'sant l'enfant du régiment.

On voulait r'pousser mon prélude :
Mais comment combattre à la fois
Un hussard et la solitude ,
Et de son cœur la douce voix ?
J' continuai : l'on me laissa faire ,
Et j' trouvai dans ce doux moment ,
    Reli , relan ,
C' que l' fourrier n' prit pas à ma mère
En f'sant l'enfant du régiment.

D' la bell' dans ce plaisir extrême
Un' larm' me mouillant par hasard ;
J' dis tout bas d' pleurs la mouillant d' même :
Dans neuf mois j'aurons un hussard ,
Fils d'un des fils de la victoire.
Je devons l'aimer doublement ,
    Reli , relan ,
Car c' n'est qu' par l'honneur et la gloire
Qu'il s'ra l'enfant du régiment.

LES CONSEILS DE MOMUS.

-

Air nouveau.

Prenant un nouvel essor,
   Le ridicule
     Circule :
Frappons , frappons, frappons fort ,
Et surtout frappons d'accord.

Hier au soir dans ma chambrette
Le dieu Momus s'oubliant
Vint s'asseoir sur ma couchette ,
Et me dit en m'éveillant :

 Prenant un nouvel essor,
   Le ridicule
     Circule :
Frappons , frappons. frappons fort ,
Et surtout frappons d'accord.

Tu dois et pourtant le vice
A le pas sur la vertu.
Crains tu de rentrer en lice ·
Releve un front abattu.

Prenant un nouvel essor,
   Le ridicule
     Circule :
Frappons, frappons, frappons fort,
Et surtout frappons d'accord.

Quoi! désertant la guinguette,
Où je m'étais établi,
L'artisan par étiquette
Va bâiller à Tivoli.

Prenant un nouvel essor,
   Le ridicule
     Circule :
Frappons, frappons, frappons fort,
Et surtout frappons d'accord.

Nos modernes Démosthènes
Se bâtant bien lentement
Mettent près de six semaines
Pour tourner un compliment.

Prenant un nouvel essor,
   Le ridicule
     Circule :
Frappons, frappons, frappons fort,
Et surtout frappons d'accord.

Si de la fine satire
Le gai vaudeville est né,

Le trait malin qui fait rire
Est aussitôt pardonné.

Prenant un nouvel essor,
   Le ridicule
     Circule :
Frappons, frappons, frappons fort,
Et surtout frappons d'accord.

Prouve au bruit des castagnettes,
Aux rimailleurs glapissans,
Qu'il faut même en chansonnette
Et de l'art et du bon sens.

Prenant un nouvel essor,
   Le ridicule
     Circule :
Frappons, frappons, frappons fort,
Et surtout frappons d'accord.

Berne la jeune Thémire,
Qui sur le char du bonheur
Croit avec un cachemire
Devoir se passer d'honneur.

Prenant un nouvel essor,
   Le ridicule
     Circule :
Frappons, frappons, frappons fort,
Et surtout frappons d'accord,

Berne les grands à la ronde,
Livre aux cafards des assauts,
Et qu'enfin ta moindre ronde
Devienne l'effroi des sots.

Prenant un nouvel essor,
    Le ridicule
      Circule :
Frappons, frappons, frappons fort,
Et surtout frappons d'accord.

Lors me donnant l'accolade,
Vers les cieux le bon Momus
S'élance et dit : Camarade,
Chante pour tout orémus :

Prenant un nouvel essor.
    Le ridicule
      Circule :
Frappons, frappons, frappons fort,
Et surtout frappons d'accord.

LISETTE.

Air : Il pleut, bergère.

Tu te fâches, Lisette,
Quand ton heureux amant
Pour sa faible musette
Te néglige un moment.
Daigne pour lui complaire
En écouter le son.
Lise, laisse-moi faire
Encore une chanson.

Je fus toujours, ma Lise,
Instruit de tes faux pas,
Et, malgré ma franchise,
Je ne t'en parlai pas.
Je veux toujours me taire ;
Que ce soit ta leçon.
Lise, laisse-moi faire
Encore une chanson.

Vois-tu de la fenêtre,
Dont tu veux m'arracher,

Ce héros petit-maître
En sautillant marcher.
Comment d'un mousquetaire
Un commis a le ton.
Lise, laisse moi faire
Encore une chanson.

Ébranlant la croisée,
Vois-tu ce char poudreux
Qu'une vitre brisée
Annonce aux malheureux.
Ce bruit fait fuir, ma chère,
L'Amour de leur cloison.
Lise, laisse-moi faire
Encore une chanson.

Vois la gentilhommière,
Ce plat quêteur d'emplois
Parer sa boutonnière
De la fleur de nos rois.
Un bonnet sanguinaire
En orna le bouton.
Lise, laisse moi faire
Encore une chanson.

Dans une chansonnette.
Quand je t'offris mes vœux
Tu t'en souviens, Lisette,
J'avais tous mes cheveux

A tes yeux pour soustraire
Ma dernière saison ,
Lise , laisse-moi faire
Encore une chanson.

MA PROFESSION DE FOI.

Air de la treille de sincérité.

D'ÊTRE critique
    Trop caustique
Je me repens , et je promets
De trouver tout bien désormais.

Ma Muse , en livrant à la ronde
Au ridicule des assauts ,
Fut bientôt , quoique peu féconde ,
L'effroi des méchans et des sots.
Aujourd'hui changeant de systeme ,
Et dans ma prose et dans mes vers ,
Je veux que tout le monde m'aime ;
J'applaudirai tous ses travers.

    D'être critique
        Trop caustique
Je me repens . et je me promets
De trouver tout bien désormais.

Femmes sensibles, qui sans peine
Offrez à chacun vos appas,
Et faites six fois par semaine
Avec dix amans des faux pas,
Vous pouvez tromper en cachette
L'époux et l'aimable vaurien,
Ma Muse jadis indiscrète
De vos écarts ne dira rien.

D'être critique
Trop caustique
Je me repens, et je promets
De trouver tout bien désormais.

L'on chante à la scène française,
On peut bien déclamer ici.
Amis, vous pouvez à votre aise .
Applaudir un acteur transi.
Qu'il vienne choquer mon oreille
Par de beaux vers qu'il abîma,
Je dirai c'est une merveille,
Je croyais entendre Talma.

D'être critique
Trop caustique
Je me repens, et je promets
De trouver tout bien désormais.

Docteurs toujours parfumés d'ambre,
Et petits faiseurs de grands vers,

Plats caméléons d'antichambre ,
Qui changez au moindre revers ,
Tuez , rimez , rampez sans cesse ,
De vous plus je ne parlerai ;
Pour oublier votre faiblesse
De bon vin je m'enivrerai.

   D'être critique
     Trop caustique
Je me repens , et je promets
De trouver tout bien désormais.

Qu'une grosse cochonnerie
S'échappe d'un cerveau fêlé ,
Loin d'employer la raillerie
Je m'écrirai : C'est du Collé.
S'il vient avec des palissades
Du Pinde troubler le ruisseau ,
Chanter la gloire en vers maussades ,
Je lui dirai : c'est du Rousseau.

   D'être critique
     Trop caustique
Je me repens , et je promets
De trouver tout bien désormais.

MES CRAINTES.

Air :

Fuyant le sentier où m'attire
Bacchus, les Ris et les Amours,
Le noir démon de la satire
Tourmente mes nuits et mes jours.
Au ridicule plein d'audace
Voulant porter les derniers coups,
Je crains une levée en masse ;
Est-on ridicule chez vous ?

Si ma Muse prend à la gorge
Les faux braves dans un refrain,
Et qu'il se présente un saint George
Qui prétende lui mettre un frein,
De ma Muse qu'un rien tracasse
Désirant éloigner les coups,
Je crains une levée en masse :
Reçoit-on les bretteurs chez vous?

Si l'on voyait la médecine
Arriver sans le médecin,

Bien loin qu'elle nous assassine
Chacun de nous serait plus sain.
Mais près d'elle un docteur se place,
Et la mort suit toujours ses coups.
Je crains une levée en masse ;
Reçoit-on les docteurs chez vous ?

En dépit du froid moraliste,
Saisissant les endroits plaisans,
Si je veux chansonner la liste
Des maris bons et complaisans,
Aux limaçons la corne passe ;
Mais si je la fais voir à tous,
Je crains une levée en masse ;
Reçoit-on des maris chez vous ?

L'on voit marcher le vaudeville,
Suivi des grands airs d'opéra,
Et l'on raconte par la ville
Tous les frissons qu'il opéra.
D'une guitare il s'embarrasse,
Tous ses refrains sont aigres-doux.
Je crains une levée en masse :
Vient-il ainsi chanter chez vous ?

De Momus feignant la bannière,
Parfois dans un joyeux festin
Une Muse peu chansonnière
Dans ses couplets parle latin.

Qu'en français l'on me cite Horàce
Afin que nous l'entendions tous.
Je crains une levée en masse ;
Rabâche-t-on latin chez vous ?

Mais je vois déjà sur ma tête
Un nombreux essaim d'ennemis ,
Et mon faible Apollon s'arrête
Beaucoup plus craintif que soumis.
Il se peut qu'un sot le terrasse :
De tels gens on fuit le courroux.
Je crains une levée en masse ;
Souffre-t-on les railleurs chez vous ?

ÇA VA BON TRAIN,

VAUDEVILLE.

Ami zélé de la guinguette
Et de quelques gentils appas ,
Je vais aux dîners d'étiquette
        A petits pas.
Dans un tête-à-tête à ma guise
Faut-il chanter un gai refrain ,
Verser le vin , renverser Lise ?
        Ça va bon train. (bis.)

L'homme jadis prudent et sage
Des faux plaisirs n'abusant pas
Voyait arriver son vieil âge
        A petits pas.
Mais de sa jeunesse l'aurore
Maintenant touche à son déclin.
L'excès de tout la décolore.
        Ça va bon train.   (*bis.*)

Par l'honneur, la délicatesse
Jadis après mille embarras
L'on arrivait à la richesse
        A petits pas.
Aujourd'hui l'honneur importune,
Le vice orgueilleux est sans frein,
L'intrigue mène à la fortune.
        Ça va bon train.   (*bis.*)

En courtisant les neuf pucelles,
A Cythère l'on n'entre pas,
Apollon marche près des belles
        A petits pas.
L'esprit rend la beauté farouche,
Mais de l'or, un schal, un écrin
Sont du cœur la pierre de touche.
        Ça va bon train.   (*bis.*)

Le Français, que l'honneur gouverne,
Dans le repos ne se plaît pas :

6

Triste il regagne la caserne
    A petits pas.
Mais faut-il aux champs de la gloire
Affronter cent bouches d'airain,
Mourir ou fixer la victoire?
    Ça va bon train.   (*bis.*)

Dans le grand bal où la comtesse
Vient étaler ses lourds appas,
L'ennui danse avec la richesse
    A petits pas.
Au village sur la fougère,
Au son bruyant du tambourin,
Le plaisir, la jeune bergère,
    Ça va bon train.   (*bis.*)

En semant de fleurs notre vie,
Amis, ne les prodiguons pas;
Parcourons sa route embellie
    A petits pas.
Tâchons encore en barbe grise
De chanter ce gentil refrain:
Verser le vin, renverser Lise,
    Ça va bon train.   (*bis.*)

L'HOMME DISCRET.

Air : Tout le long de la rivière.

A peine avais-je atteint quinze ans ,
Qu'épris de vos traits séduisans,
Je me disais du fond de l'ame :
Heureux qui possède une femme !
Mais de vos défauts trop frappé ,
Dès long-tems je suis détrompé.

Malgré cela je me tairai , mesdames ;
Car je n'aim' pas les faiseurs d'épigrammes ,
Car je n'aime pas les épigrammes.

En un seul jour de trois amans
Lisette reçut les sermens ;
Le lendemain un quatrième
Est bientôt suivi d'un cinquieme ,
Qu'un sixième vient à son tour
Remplacer au lit de l'Amour.

Malgré cela je me tairai , mesdames ;
Car je n'aim' pas les faiseurs d'épigrammes ,
Car je n'aime pas les epigrammes.

La femme d'un pauvre caissier
Pour amant refuse un banquier.
Voyant qu'elle fuit la richesse,
On la croirait une Lucrèce.
Hé bien! du banquier le commis
Au lit du caissier est admis.

Malgré cela je me tairai, mesdames ;
Car je n'aim' pas les faiseurs d'épigrammes,
  Car je n'aime pas les épigrammes.

Si de Mirza l'heureux époux
Crut lui ravir un des bijous
Que malgré le soin des familles
Conservent rarement les filles,
Je dis riant en tapinois :
On le perd donc, Mirza, six fois.

Malgié cela je me tairai, mesdames;
Car je n'aim' pas les faiseurs d'épigrammes,
  Car je n'aime pas les épigrammes.

Quoiqu'il soit grondeur et jaloux,
Dame Luc trompe son époux,
Et sa jeune fille Glycère
De bonne heure imitant sa mère
Saisit ce fortuné moment
Pour aller avec son amant.

Malgré cela je me tairai, mesdames ;
Car je n'aim' pas les faiseurs d'épigrammes,
  Car je n'aime pas les épigrammes.

Bien qu'instruit que dans tout pays
Les femmes trompent leurs maris ,
Qu'elles sont coquettes, legeres ,
Que leurs faveurs sont passagères ;
D'elles tout ce que je saurai
Je jure que je le tairai.

Car ma chanson doit vous prouver, mesdames ,
Que je n'aim' pas les faiseurs d'épigrammes,
Que je n'aime pas les épigrammes.

TROMPEZ-MOI ,
ÑE ME TROMPEZ PAS.

Air du Courtisan dans l'embarras.

Si je pense que l'allégresse
De vos dîners fuit tous les jours ;
Qu'on y voit régner la tristesse,
Mes amis, trompez moi toujours.
Mais si, conduit par la Folie ,
Je crois trouver dans ce repas
L'esprit, la gaîté, la saillie ,
Mes amis, ne me trompez pas.

Petites filles degourdies,
Si dans le carquois des Amours
Je crains certaines maladies,
De grace, trompez-moi toujours.
Si dans vos corsets je suppose
Trouver ces innocens appas,
Dont l'éclat fait pâlir la rose,
Grisettes, ne me trompez pas.

Vous pres de qui ma seule étude
Fut d'aller à votre secours,
Si je crains votre ingratitude,
De grace, trompez-moi toujours.
De vous éloignant l'indigence
Si je vous prêtai maints ducats,
Au moins au jour de l'échéance,
De grace, ne me trompez pas.

Tremblant pour ma seule existence,
Et craignant d'en voir fuir le cours,
Médecins, par votre ordonnance,
Puissiez-vous me tromper toujours!
Si l'un de vous soigne ma femme,
Loin de desirer son trépas,
Ah! je crains de voir fuir son ame,
Grands docteurs, ne me trompez pas.

Je tremble que dans notre France
Les arts, la gloire et les amours

Ne touchent à leur décadence ,
Ah ! grands dieux ! trompez-moi toujours.
Mais je crois voir toujours Lutèce
Sur l'univers ayant le pas,
Rappeler les jours de la Grèce ,
Ah ! grands dieux! ne me trompez pas.

LA VIEILLE ROSIÈRE.

Air nouveau.

Qu'on me pardonne
Si j'me parai
Des fleurs que donne
L'mair' ou l'curé.
Loin d'en êtr' fière ,
J'ris d'tems en tems ,
Je fus rosière
Jusqu'à trente ans.

Les fleurs d'pucelles ,
Qu'on m'décerna ,
J'les dois à celles
Qu'mon cœur donna.
C'est la manière

En tous les tems
D'être rosière
Jusqu'à trente ans.

R'poussant la flamme
D'nos villageois,
J'ouvris mon ame
Aux rich's bourgeois;
J'fus vot' litiere,
Amours traitans;
Je fus rosière
Jusqu'à trente ans.

Un jour notr' maire,
Dans un bosquet,
Loin de ma mère,
M'prit mon bouquet:
Puis en arrière
M'pousse en mêm' tems.
Je fus rosière
Jusqu'à trente ans.

Un preux qu'on aime,
Qu'Mars fit briller,
Fut traité d'même
Qu'les marguilliers.
Sous leur bannière
Jupons flottans,
Je fus rosière
Jusqu'à trente ans

Comm' les fill's sages
N'servent à rien ,
J'eus les suffrages
Des homm's de bien ,
Et riant derrière
Les mécontens ,
Je fus rosière
Jusqu'à trente ans.

De sa tendresse
L'fils d' notr' préfet
M'prouvant l'ivresse ,
Un enfant s'fait.
J'quitte la carrière ,
D'peur des méchans :
Je fus rosière
Jusqu'à trente ans.

Pierr' , que j' dispose
Adroitement ,
Un jour m' propose
Du sacrement.
J'accepte ; et Pierre
Et l's habitans
M'ont cru rosière
Jusqu'à trente ans.

C'EST TOUT COMME AUTREFOIS.

Air : Les cinq codes.

C'est en vain qu'on chante à la ronde
Les progrès de l'esprit humain ,
Bon Dieu ! je vois ce pauvre monde,
Encore au sortir de ta main.
Car bien que la philosophie
Partout fasse entendre sa voix ,
C'est Plutus seul qu'on déifie ;
C'est aujourd'hui comme autrefois.

Collé , qui fit rire vos peres
Par des couplets vifs et joyeux ,
A nos rimailleurs éphémeres
Maintenant paraît ennuyeux.
Malgré la riante hyperbole,
De nos plats couplettiers d'exploits,
On aime encor la gaudriole ;
C'est aujourd'hui comme autrefois.

Maman , du vrai suivant les traces ,
Du sentiment disait toujours

Qu'il s'agrandissait chez les Graces,
Rapetissait chez les Amours.
Aujourd'hui, ne vous en déplaise,
Nous suivons tous les mêmes lois.
A Cythère on entre à son aise;
C'est aujourd'hui comme autrefois.

Pour l'intérêt d'une province,
Lorsqu'on disait la vérite,
Jadis on éloignait du prince
L'ennuyeuse sincérité.
Maintenant lorsqu'à la tribune
Quelqu'un veut défendre nos droits,
Que son éloquence importune,
C'est aujourd'hui comme autrefois.

Nos pères riant d'Esculape,
A défaut du nectar des dieux,
Buvaient, et gaîment sur la nappe
Au bon sens signaient leurs adieux.
De la goutte malgré la crise,
Du médecin malgre la voix,
L'on chante, l'on boit, l'on se grise;
C'est aujourd'hui comme autrefois.

Pour nous c'est un jour que la vie,
Dont le matin est à l'amour:
Des grandeurs la trompeuse envie
Occupe le milieu du jour.

Au déclin . l'on court sous la treille;
Le soir, les bergers et les rois,
Tout s'endort , rien ne se reveille ;
C'est aujourd'hui comme autrefois.

LISETTE ET MÉDOR.

Air : Voilà les plaisirs du village.

Long-tems encore avant d'aimer,
De Médor l'amitié sincère
Seulement pouvait me charmer.
J'étais tout pour lui sur la terre.
Je vis Lise au joli maintien,
Accorte , fraîche , gentillette ;
Pour un tems j'oubliai mon chien ,
Et je fis des vers à Lisette.

Le désir effleure ses sens,
Quoique belle elle était sensible ;
De l'Amour les tendres accens
La rendent bientôt accessible.
Je craignais par un geste , un rien ,
D'éteindre sa flamme discrète ;
Même quand je flattais mon chien
Je tremblais d'attrister Lisette.

Manquait-elle nos rendez-vous
Par crainte ou par coquetterie,
Dans mon cœur les soupçons jaloux
Remplaçaient tendres rêveries.
Peut être un aimable vaurien
Possède son cœur en cachette :
Mais non, me disais-je ; mon chien
Est moins fidèle que Lisette.

De mes couplets qu'elle aimait tant
Bientôt se souvenant à peine,
Sur Médor Lise en m'écoutant
Promenait sa main incertaine ;
Mon regard rencontrant le sien
Disait à son ame inquiete :
Tu caresses encor mon chien,
Je ne puis soupçonner Lisette.

Combien l'on se trompe en aimant
Trop tard j'appris à le connaître :
Lisette pour un autre amant
Délaissa Médor et son maître.
Quoiqu'elle brise un doux lien,
A ma honte je le repete,
Mon cœur reste froid pour mon chien,
Mais il brûle encor pour Lisette.

MA GRAND'MÈRE.

Air nouveau.

Mes petits enfans, ne pleurez pas;
　　Accourez dans mes bras,
　　Nous disait ma grand'mère;
　　Mes refrains joyeux,
　　　Bien qu'un peu vieux,
　　　　J'espère,
Sécheront les larmes de vos yeux.

　　L'hiver a glacé nos rives
　　Et fait rentrer au hameau
　　Les bergerettes craintives
　　Qui folâtraient sous l'ormeau.
　　Mais s'il a fait disparaître
　　A nos yeux la fleur des champs,
　　Bientôt elle va renaître
　　Avec les jours du printems.

Mes petits enfans, ne pleurez pas:
　　Accourez dans mes bras,
　　Nous disait ma grand'mère ;

Mes refrains joyeux,
  Bien qu'un peu vieux,
    J'espère,
Sécheront les larmes de vos yeux.

Tôt ou tard le sort se lasse ;
Sur le front de nos héros
Les palmes prendront la place,
Des soucis et des pavots.
Mes enfans, j'aime à le croire,
Nous reverrons ces beaux jours
Où vous précédiez la gloire,
En précédant nos tambours.

Mes petits enfans, ne pleurez pas ;
  Accourez dans mes bras,
  Nous disait ma grand'mère ;
  Mes refrains joyeux,
    Bien qu'un peu vieux,
      J'espère,
Sécheront les larmes de vos yeux.

A l'aspect de ces armées
De Vandales et de Goths,
Les Bacchantes alarmées
Avaient quitté nos coteaux.
Ne redoutant plus l'haleine
Ou du Russe ou du Germain,
Chez nous Bacchus et Silène
Les ramènent par la main.

Mes petits enfans, ne pleurez pas :
    Accourez dans mes bras,
    Nous disait ma grand'mère ;
    Mes refrains joyeux,
        Bien qu'un peu vieux,
            J'espère,
Sécheront les larmes de vos yeux.

    Si quelques barons étiques,
    Au bon sens tournant le dos,
    Citent leurs tiges antiques,
    Pleurent les droits féodaux,
    Plus fiers par leurs cicatrices
    Des roturiers anoblis
    De leurs vertus protectrices
    Couvrent le peuple et les lis.

Mes petits enfans, ne pleurez pas ·
    Accourez dans mes bras,
    Nous disait ma grand'mère ;
    Mes refrains joyeux,
        Bien qu'un peu vieux,
            J'espère,
Sécheront les larmes de vos yeux.

    Vous pleurez les tems prospères
    Où les Bayards, les Nemours,
    Mes fils, étaient de vos pères
    Les soutiens et les amours :

Pour soutenir votre gloire
Et l'honneur du nom français,
Dans vos rangs quand la victoire
Aime à compter des Desaix;

Mes petits enfans, ne pleurez pas;
Accourez dans mes bras,
Nous disait ma grand'mère;
Mes refrains joyeux,
Bien qu'un peu vieux,
J'espère,
Sécheront les larmes de vos yeux.

Las avec Collé naguère
Mirliton s'est évadé,
Et l'on ne chante plus guère
Les vieux couplets de Vadé;
Mais puisqu'au bon goût fidèle
Le Français, vif et léger,
Chante et choisit pour modèle
Les refrains de Béranger;

Mes petits enfans, ne pleurez pas;
Accourez dans mes bras,
Nous disait ma grand'mère;
Mes refrains joyeux,
Bien qu'un peu vieux,
J'espère,
Sécheront les larmes de vos yeux.

Ainsi charmant notre enfance,
Pour nous ses vieilles chansons
De courage et d'espérance
Étant autant de leçons ;
Ne devant plus voir l'aurore ,
Sur le point de nous bénir ,
Voulant nous bercer encore
Par un heureux avenir ;

Mes petits enfans, ne pleurez pas ;
Accourez dans mes bras ,
Nous disait ma grand'mère ;
Mes refrains joyeux ,
Bien qu'un peu vieux ,
J'espère ,
Sécheront les larmes de vos yeux.

MA PRIÈRE AUX DIEUX.

Air :

De l'heureux présent je dispose,
Et dans mon obscur avenir
Les soucis étouffent la rose,
Ah ! grands dieux, faites--moi mourir.
J'aperçois l'aimable Ninette,
Riche de ses quinze printems,
Elle écoute ma chansonnette,
Faites-moi vivre encor long-tems.

Pour disperser ma chevelure
Regardez le tems accourir ;
C'est en vain que je le conjure,
Ah ! grands dieux, faites-moi mourir.
Les roses, le myrte, le lierre.
Cachent les ravages du tems :
Je puis en semer ma carrière,
Faites-moi vivre encor long-tems.

Ma voix ; jadis sonore et pleine,
Maintenant commence à faiblir ;

L'indulgence m'écoute à peine ,
Ah! grands dieux, faites-moi mourir.
Mais bientôt ma jeune famille
Redira mes sons tremblottans :
Pour entendre chanter ma fille ,
Faites-moi vivre encor long-tems.

Je vois les vices et l'intrigue
Au sein des bureaux parvenir ;
Les rangs se donnent à la brigue,
Ah! grands dieux, faites-moi mourir.
Quoi ! mourir ! et ma tendre mère
Réclame mes moindres instans.
Le reste n'est qu'une chimère ,
Faites-moi vivre encor long-tems.

MON TOMBEAU.

Air : De la petite bergère.

Déjà sur ma faible paupière
La Mort pose son doigt glacé ;
J'ai donc parcouru la carrière
Où l'Eternel m'avait placé.
Mes fils, je sens le trépas qui s'approche
Pour de ma vie éteindre le flambeau :
Ne pleurez pas : j'ai vécu sans reproche,
Et sans remords je descends au tombeau.

Ah ! surtout déposez ma cendre
A l'ombre des arbres charmans
Où chaque soir l'on voit se rendre
La troupe heureuse des amans.
Que l'œil humide et la tête inclinée
La jeune vierge, oubliant le hameau,
Vienne y rêver douces nuits d'hyménée
En effeuillant des fleurs sur mon tombeau.

Si des preux que la France admire
Vers ces beaux lieux portaient leurs pas,

Dites leur en montrant ma lyre :
Pour d'autres il ne la prit pas.
Toujours ami des héros de notre âge ,
Au jour de deuil comme au jour le plus beau ,
Ce bon ami célébra leur courage ,
De quelques pleurs honorez son tombeau.

De vos fils la troupe chérie
Figurant les travaux de Mars,
De notre brillante patrie
M'offriront les futurs remparts.
Mon ombre errante au sein du vert bocage ,
Champ de valeur de ce faible troupeau ,
Croit a_revoir les vainqueurs de Carthage
Former leur camp autour de mon tombeau .

Mais si l'honneur et si la France
Réclamaient l'appui de vos bras ,
Loin de tromper son espérance ,
Mes enfans , volez aux combats.
Si pour vos fronts une terre étrangère
De verts lauriers vous offrait un berceau ,
Detachez-en une branche legère
Et revenez en parer mon tombeau.

COUPLETS

POUR LE RETOUR D'UN PÈRE.

Air : Traitant l'Amour sans pitié.

Pour célébrer ton retour
C'est en vain que je m'escrime,
Je ne puis trouver de rime
Pour te peindre mon amour.
Plus indulgent que sévère,
De mon peu de savoir faire,
Mon ami, tu ne dois guère
T'etonner ; car, sur ma foi,
Eût-on l'esprit de Voltaire,
Lorsqu'on embrasse son père
L'on n'a pas la tête à soi.

CHANSONNETTE.

Air : Mon père était pot.

Avec un coup de Chamberlin,
  Moi, je soutiens en somme
Qu'on peut sans grec et sans latin
  Faire un bonheur à l'homme ;
  Donnons-lui du vin :
  Que le verre en main
  Il chasse l humeur noire.
  Silène en buvant,
  Sans être savant,
S'illustra dans l'histoire.

Si Rousseau, cet auteur divin,
  Aimait Ermenonville,
C'est qu'il y buvait du bon vin
  Bien moins cher qu'à la ville.
  Loin des sots, du bruit,
  Là dans son réduit,
  Près de sa ménagère
  Ce sage trouvait
  Que l'esprit venait
Quand il vidait son verre.

N'EN RESTONS PAS LA.

Air de l'Incognito.

Mrs bons amis, si j'ai bonne mémoire,
Je crois avoir lu dans plus d'un écrit,
Que lorsqu'on sait chanter, aimer et boire
    On a toujours beaucoup d'esprit.
    Or si par le jus de la treille
    Plus d'un Apollon excella,
Vidons encor mainte et mainte bouteille,
        Et n'en restons pas là.

Aux céladons en laissant la constance,
Et les larmes et les tristes soupirs,
    Embellissons notre existence
    En variant tous nos plaisirs ;
    Et puisque l'Amour a des ailes
    Pour voltiger par ci, par là,
Faisons encor vingt sermens à vingt belles,
        Ah ! n'en restons pas là.

Si nous avons contre le mélodrame,
Contre les sots, les fats et les faquins,

Contre les auteurs à la rame ,
Lancé quelques piquans refrains ,
Dût-on nous traiter de caustiques ,
Et même nous crier holà !
Faisons encor vingt couplets satiriques ,
Et n'en restons pas là.

Dans ses écrits qu'un philosophe austère
Dise : Du pauvre il faut être l'appui ,
Et sans l'aider qu'il laisse la misère
Pleurer , gémir autour de lui ;
Nous , au-devant de l'indigence ,
Dont le cœur en tout tems vola ,
Dans nos couplets prêchons la bienfaisance ,
Et n'en restons pas là.

CHANSON A NICETTE.

Air :

Si nuits par son joli visage,
Par son air doux et gracieux,
Tous les jeunes gens du village
A ma Nicette offraient leurs vœux :
Mais par la gaîté, la folie,
Elle y répondait chaque jour :
C'est que Nicette de sa vie
N'avait, hélas ! connu l'Amour.

Tôt ou tard de l'indifférence
Ce dieu malin punit les cœurs :
Et Nicette connut sa puissance
Perdit ses plus vives couleurs.
Souvent distraite, inattentive,
Sa main dans la mienne tremblait,
Elle était rêveuse et pensive :
C'est que Nicette alors m'aimait

Ta félicité passagère
Nous trompe, Amour, par son éclat ;

Bientôt le teint de ma bergère
Reprit son brillant incarnat.
L'aimable gaîté , la folie ,
Désir de plaire et de charmer ,
La rendent encor plus jolie ;
Nicette a cessé de m'aimer.

Vénus par un heureux mensonge
Daigne encore me captiver ;
Et si le bonheur n'est qu'un songe ,
Chaque jour, ah ! fais-moi rêver.
Lorsque je brûle encor pour elle ,
Pour obtenir tendre retour ,
Ah ! rends Nicette un peu moins belle ;
Mais conserve lui son amour.

LE VIN.

Air : En revenant de Bâle en Suisse.

Du char pompeux de la victoire
Qu'un héros compose son train .
Comme lui je chéris la glo're ;
Mais je préfère le bon vin :

    Que chacun répète
    Mon joyeux refrain :
    Pour mettre en goguette ,
    Vive le bon vin !

Pour être un ami vrai. sincère ,
De l'honneur pour chérir les lois ,
Pour être bon époux, bon père ,
Il faut s'enivrer quelquefois.

    Que chacun répete
    Mon joyeux refrain :
    Pour mettre en goguette ,
    Vive le bon vin !

A jeun je suis toujours timide ;
La crainte se peint dans mes yeux ;

Mais quand j'ai bu , plus intrépide ,
Je ne crains pas même les dieux.

Que chacun répète
Mon joyeux refrain :
Pour mettre en goguette
Vive le bon vin !

Si Brennus quitta sa patrie
Pour faire la guerre aux Romains,
C'est qu'il avait de l'Italie
Plus d'une fois goûté les vins.

Que chacun répète
Mon joyeux refrain :
Pour mettre en goguette ,
Vive le bon vin !

Qu'un pilote vante à la ronde
Le Havre , Dunkerque . Nankin ,
Je crois que tous les ports du monde
Ne valent pas le port au vin.

Que chacun répète
Mon joyeux refrain :
Pour mettre en goguette ,
Vive le bon vin !

Tous les buveurs à rouge trogne
De l'Eternel sont les amis ,

Puisque Noé ce digne ivrogne,
Est un élu du paradis.

Que chacun répète
Mon joyeux refrain :
Pour mettre en goguette,
Vive le bon vin !

De l'univers souverain juge,
Si tu détruis le genre humain,
Fais que ce soit par un déluge,
Mais par un déluge de vin.
Que chacun répète
Mon joyeux refrain :
Pour mettre en goguette,
Vive le bon vin !

LE DOIGT DE VIN.

Air :

Chacun nous dit que sur la terre
Le mal est plus grand que le bien :
Grace à mon joyeux caractère ,
De ce discours je ne crois rien.
Car des maux le plus effroyable
Viendrait nous attaquer en vain ,
Puisqu'on peut l'envoyer au diable
En l'arrosant d'un doigt de vin.

L'homme à vingt ans bat la campagne :
L'amour fait palpiter son cœur.
A trente il bâtit en Espagne
Les châteaux brillans du bonheur.
A soixante aussi raisonnable ,
Il est parfois bourru , chagrin ;
Mais à tout âge il est aimable
S'il aime à boire un doigt de vin.

Aussitôt que la Mort augure
Qu'elle peut chez nous pénétrer,

C'est par le trou de la serrure
Qu'elle regarde avant d'entrer.
Boit on de la tisanne fade,
Elle ouvre et nous frappe soudain ;
Mais elle épargne le malade
Qui boit encore un doigt de vin.

A MADAME L...

Air du vaudeville des Chevilles de maître Adam

Tu veux, amie, une chanson nouvelle
Ton seul désir est un ordre pour moi ;
Douce, naïve, aimable autant que belle,
Les inpromptus doivent naître pour toi.
Mon Apollon, malgré son impuissance,
A te fêter consacre chaque jour :
Ah ! pour ses vers daigne avoir l'indulgence
Que tu n'as point, hélas ! pour mon amour.

Un jour, avant que d'admirer tes charmes,
Du dieu malin je bravais le courroux ;
Mais le fripon trop certain de ses armes,
Le lendemain était sur mes genoux.
Il peut fort bien le petit téméraire
De son pays regagner le chemin :

Pour l'empêcher de regretter Cythère
Viens avec moi le prendre par la main.

Du vaudeville , enfant de la folie ,
Les jolis vers se chantent peu d'instans :
Ceux que je fais pour ma tant douce amie
Vivront , hélas ! peut-être moins long tems.
Je tiens beaucoup aux palmes de la gloire ;
Mais je tiendrais encor plus à ton cœur.
De mes écrits si tu perds la mémoire
Ressouviens-toi quelquefois de l'auteur.

LE PAYSAN ET SON SEIGNEUR.

Air :

Thomas , j'ai quitté mon château
Pour voir ton heureuse famille.
Pour moi, quel spectacle nouveau !
Partout ici la gaîté brille.
— L'bonheur d'la médiocrité
Vous cause une surprise extrême ;
Mais si chez nous est la gaîté ,
C'est que je l'y porte moi-même.

Thomas, en voyant ton jardin
Couvert de fleurs et de verdure ,

Je crois voir un souffle divin
Animer la belle nature
Lorsque je le compare au mien,
Rapportant moins que l'on y sème.
— Monseigneur, quand on a du bien
Il faut le cultiver soi-même.

La grace et l'amabilité
Embellissent cette bergère.
— Monseigneur, sa vivacité !
Vous dit que c'est ma ménagère.
— De son teint le vif incarnat,
Du lis, de la rose est l'emblème.
— Monseigneur, s'il a tant d'éclat,
C'est que je l'embrasse moi-même.

Quels sont donc ces marmots joyeux,
Jouant sur la verte prairie?
— Ce sont des enfans que les cieux
M'ont donnés pour charmer ma vie.
— Des roturiers si bien portans,
Quand mon fils noble est maigre et blême.
— Dam! pour avoir de beaux enfans,
Monseigneur, on les fait soi-même.

LA FILLE
QUI VEUT TOUJOURS ÊTRE SAGE.

Air de la Treille de Sincérité.

De fuir sans cesse
La tendresse
On fait le serment ; mais , hélas !
Tout ce qu'on veut ne se fait pas.

Quand je fis serment d'être sage
J'avais à peine quatorze ans ,
Et sans en deviner l'usage
Je trouvais mes charmes naissans
Dès lors assez intéressans.
Une nuit ma main indiscrète
Se posa dans certain endroit ;
Il est rare qu'une fillette
Ne bouge point alors le doigt.

De fuir sans cesse
La tendresse ,
On fait le serment ; mais, hélas!
Tout ce qu'on veut ne se fait pas.

Un cousin que toujours j'adore
Et pour qui mon cœur agité ,

Je le sens, s'ouvrirait encore,
Malgré son infidélité
Et le chagrin qu'il m'a coûté,
A ses vœux me trouva docile
Malgré mon refus apparent ;
Hélas! il est si difficile
De désobliger un parent.

 De fuir sans cesse
  La tendresse
On fait le serment ; mais, hélas!
Tout ce qu'on veut ne se fait pas.

Une voisine fort jolie
S'aperçut que je m'ennuyais.
Et me dit, je crois, bonne amie,
Que sans peine tu broderais
En peu de tems, si tu voulais:
Comme je ne voisine guère,
Je ne voulais point accepter:
Elle avait la main si légere
Que je ne pus lui résister.

 De fuir sans cesse
  La tendresse
On fait le serment ; mais, hélas!
Tout ce qu'on veut ne se fait pas.

Un marchand qui jamais ne raille,
Vieux, mais possesseur d'un grand bien,

Me dit : Ma belle , sur ta taille
Tu ne te doutes pas combien
Ce cachemire ferait bien.
J'accepte avec la certitude
Que ses feux seront sans effet ;
Mais on hait tant l'ingratitude ,
Qu'il faut reconnaître un bienfait.

De fuir sans cesse
La tendresse
On fait le serment : mais, helas !
Tout ce qu'on veut ne se fait pas.

Un jeune élève d'Esculape
Me guérit d'un certain bobo :
De l'existence qui m'échappe
Sa main rallume le flambeau :
Enfin il m'arrache au tombeau :
Un beau jour il me dit : Ma chère,
En moi vos traits ont excité
Certains feux. Je le laissai faire
Pour m'assurer de ma santé.

De fuir sans cesse
La tendresse
On fait le serment : mais, hélas !
Tout ce qu'on veut ne se fait pas.

Certain Cosaque du Parnasse
A qui mes charmes, par bonheur,

A l'Institut font prendre place.
Dit dans des vers en mon honneur :
Que de Vénus je suis la sœur ;
Sans prouver que de sa copie
Je suis le type original,
Je fais semblant d'être assoupie :
D'amour il croit voir le signal.

  De fuir sans cesse
   La tendresse
On fait le serment : mais, hélas !
Tout ce qu'on veut ne se fait pas.

Un jeune soldat de la garde,
Que le boulet a respecté,
En passant un jour me regarde :
Il est frappé de ma beauté :
Par moi son bras est accepté ;
Il m'accompagne en ma chambrette,
Et prenant des airs cavaliers
Me prend et sur le lit me jette,
Ah ! quel pouvoir ont des lauriers !

  De fuir sans cesse
   La tendresse
On fait le serment ; mais, hélas !
Tout ce qu'on veut ne se fait pas.

Quand donc viendra le tems prospère
Où se taisent les passions ;

Je pourrai du moins, je l'espère,
Eviter les distractions
Et laisser les occasions.
De soixante quand j'aurais l'âge,
Sourde à tous propos séducteurs,
Je fais le serment d'être sage
Malgré mes sens, malgré les mœurs.

De fuir sans cesse
La tendresse
On fait le serment : mais, hélas !
Tout ce qu'on veut ne se fait pas.

AUX SOIRÉES DE MOMUS.

Air du Tonnelier.

La Sottise aux yeux éraillés
Vient-elle monter votre lyre?
Et vos trop lourds refrains braillés
Font-ils bâiller qui peut les lire ?
Vous dites que le gai Momus
Vous dicta ces sots orémus ;
Ah ! pour porter de semblables fardeaux,
Ce pauvre Momus a bon dos.

Tous les mois vous vous rassemblez
Pour soi-disant chanter et boire,

Et par vos teints vous me semblez
Pourtant d'une humeur assez noire.
Le jus divin vous étourdit,
La cuisine vous engourdit.

Ah! pour porter de semblables fardeaux,
Le pauvre traiteur a bon dos.

Le recueil de vos froids couplets
De Momus a bien la gravure,
De ses grelots les chapelets,
La vignette et la couverture ;
Le lecteur que l'appât surprit
Dit n'y trouvant pas son esprit :

Ah ! pour porter de semblables fardeaux,
Le pauvre éditeur a bon dos.

Tous vos poétiques essais,
Habillés d'une demi-rime,
Sont écrits en mauvais français.
L'esprit y garde l'anonyme ;
Mais vous y semez au rebours
Des quolibets, des calembours.

Ah ! pour porter de semblables fardeaux,
Ce pauvre Apollon a bon dos.

Comme votre triste Apollon
Ne quitte jamais la Courtille,

Et que son aigre violon
Des ponts fait danser chaque fille ,
Votre corps s'est persuadé
Plaire à la muse de Vadé.

Ah ! pour porter de semblables fardeaux ,
Cette pauvre muse a bon dos.

Vous prétendez tous que chez nous
L'on ne sait ni chanter ni boire ,
Et par vos refrains aigres-doux
Vous croyez voler à la gloire.
Pauvres rimailleurs , je vous plains :
Vous êtes à l'orgueil enclins.

Ah ! pour porter de semblables fardeaux ,
Le pauvre lecteur a bon dos.

Lorsque l'un de vous par hasard
Enfante un méchant vaudeville ,
Il se croit un petit Panard ,
Et va colporter par la ville
La finale de maint couplet ;
A la redire il se complet.

Ah ! pour porter de semblables fardeaux ,
Le pauvre public a bon dos.

Puisque vous vouliez contrôler
Des sots l'ennuyeuse séquelle ,

De vous seuls il fallait parler,
La chose était si naturelle.
Pauvres chansonniers racolleurs ,
Vos vers sont sans goûts , sans couleurs.

Ah ! pour porter de semblables fardeaux ,
Ce pauvre Pégase a bon dos.

A MA MÈRE.

Air du vaudeville de madame Favart.

Bravons dans notre retraite ,
Qui pour nous est l'univers ,
Le destin qui nous maltraite
Par ses caprices divers.
Le bonheur, ma tendre mère ,
A ton cœur si je suffis ,
N'est point une chimère ;
Viens embrasser ton fils.

Quand tu vois l'ame attendrie
Sur le déclin de tes ans ,
De mon active industrie
Les efforts insuffisans ,
Pour braver un sort funeste
Oublions ce que je fis.

Le courage me reste :
Viens embrasser ton fils.

Mais par un noble délire ,
Si dans des tems plus heureux
Je célébrai sur ma lyre
La vaillance de nos preux ,
J'osai , quand par la victoire
Leurs efforts étaient trahis ,
  Chanter encor leur gloire ;
  Viens embrasser ton fils.

Des glaçons quittant les plaines ,
Les Russes dans nos foyers
Ont flétri de leurs haleines
Nos palmes et nos lauriers.
Mais puisque les fleurs nouvelles
Dont j'orne tes cheveux gris
  Sont chaque jour plus belles ,
  Viens embrasser ton fils.

Si quelquefois tout émue,
Par un souvenir bien doux,
Tes pleurs coulent à ma vue
Croyant revoir ton époux,
Ah! n'en va jamais répendre
Près de ces noirs crucifix :
  Veux-tu plaire à sa cendre ,
  Viens embrasser ton fils.

Prenons les repas que dresse
L'humble médiocrité,
Et bercé par la tendresse
Rêvons la félicité ;
Avant que ton œil contemple
Du ciel les vastes lambris ,
  Mon cœur sera ton temple ;
  Viens embrasser ton fils.

L'ANNÉE

EST BONNE POUR CHANSONNER.

Air :

Pour faire de bons vaudevilles
Les sujets ne nous manquent pas :
Parcourez nos champs et nos villes,
On en rencontre à chaque pas.
Aux ridicules on pardonne.
Chaque jour voit naître des sots :
Vite saisissons nos pinceaux,
Pour chansonner l'année est bonne.

L'on exile la gaudriole.
L'on bannit les jeux et les ris ,
La gaîté n'a plus la parole ,

On ne fait que des vers fleuris ;
La fillette près de sa bonne
Serre la main de son amant ;
Le vieillard peint le sentiment ;
Pour chansonner l'année est bonne.

Les contrats jadis légitimes
Se passent par devant l'Amour.
Des petits Français anonymes
Le nombre s'accroît chaque jour :
Avec les vices l'on s'abonne ,
Et nos belles dans leurs faux pas
A l'enchère offrent leurs appas ;
Pour chansonner l'année est bonne.

Sur leur front nos vierges antiques
Replacent le rouge et le blanc ,
Et vers les bosquets idaliques
Marchent toujours clopin , clopan.
Un mot que l'esprit assaisonne
Leur paraît un épouvantail :
Elles font jouer l'éventail ;
Pour chansonner l'année est bonne.

Les talens rampent sur la terre
Auprès de nos riches élus.
L'on place dans chaque parterre
Tous les jours vingt claqueurs de plus.

Dans les salons un fat se donne
L'air, le ton d'un homme important,
Et nous quitte en papillottant ;
Pour chansonner l'année est bonne.

Bacchus . on néglige la treille
Où si gaîment rima Goulfé.
On ôte à Momus sa bouteille ,
On sert au pauvret du café.
Chez nos grands lorsque l'on fredonne
Par hasard un couplet joyeex ,
Le thé remplace le vin vieux ;
Pour chansonner l'année est bonne.

L'Angleterre et la Germanie
Chez nous obtiennent des succès.
Maintenant on a la manie
De ne plus paraître Français.
Il ne se présente personne
Qui daigne s'écrier : Holà !
Nos chers amis sont encor là ;
Pour chansonner l'année est bonne.

Profitant du destin prospère
Qu'assure un hymen fortuné ,
Le mari se croit toujours père
De son aimable nouveau né.
La tendre epouse , qui lui donne
Ce gage de son chaste amour,

Pense bien le doubler un jour ;
Pour chansonner l'année est bonne.

Du patron de la parodie
Agitons les brillans drapeaux.
Des vices la foule hardie
Va fuir au bruit de nos pipeaux.
La satire, quoique piétonne,
Atteint et frappe sur leurs chars
Et les traîtres et les cafards :
Pour chansonner l'année est bonne.

L'HEUREUX ARTISAN.

Air nouveau.

Ne voulant être de sa vie
Ni courtise ni courtisan,
Mon père vecut sans envie
En modeste et simple artisan.
Au gai mortel dont je tiens l'être
De ressembler je me prévaux ;
Et, sentant tout ce que je vaux,
Je vis sans esclave et sans maître.

Courage, gaîté,
Voilà ma devise :
Le but où je vise
C'est ma liberté.

Qu'on fasse la paix ou la guerre
Avec tel ou tel potentat,
Mon esprit ne s'occupe guère
Du frêle vaisseau de l'état.
Aux grands qui seuls craignent l'orage
J'abandonne le gouvernail,
Et je cours après mon travail
Rire et boire avec l'équipage.

Courage, gaîté,
Voilà ma devise :
Le but où je vise
C'est ma liberté.

L'Ennui, ce fils de la Sottise,
Escortant les caméléons,
Suit les fats qu'on monseigneurise
Au théâtre, dans les salons.
Le plaisir qui fuit l'étiquette,
A mes côtés daignant s'asseoir,
Le dimanche et le lundi soir,
Avec moi trinque à la guinguette.

Courage, gaîté,
Voilà ma devise :
Le but où je vise
C'est ma liberté.

Rois, pour que votre éclat me blesse,
Quand vous êtes dans la splendeur,

J'entrevois trop votre faiblesse
Sous le manteau de la grandeur.
Ma noblesse vaut bien la vôtre,
D'homme gardant la dignité,
Pour supporter l'adversité
Je ne prends pas les bras d'un autre.

> Courage, gaîté,
> Voilà ma devise :
> Le but où je vise
> C'est ma liberté.

Sur les genoux de Fanchonnette,
Au teint frais, à l'œil sémillant,
Je fredonne la chansonnette
Que je rimaille en travaillant.
Des guirlandes qu'Amour dispose
Elle orne mes derniers cheveux ;
Et ce n'est qu'au gré de mes vœux
Que de mon trône on me dépose.

> Courage, gaîté,
> Voilà ma devise :
> Le but où je vise
> C'est ma liberté.

Sachant que le plus grand monarque
Comme moi finira ses jours,
Le verre en main j'attends la barque
Bercé sur le lit des Amours.

De moi ne laissant nulle trace,
Aux sombres bords étant admis,
Dans le cœur de tous mes amis
Je suis sûr d'avoir une place.

    Courage, gaîté,
    Voilà ma devise :
    Le but où je vise
    C'est ma liberté.

L'ÉTONNANT VILLAGEOIS.

Air :

Il a toujours le nez au vent,
Le milieu du corps en avant ;
    Et , dans quelque endroit
      Qu'il soit ,
Il est toujours ferme et droit.

    Avec une plainte amère
    Vous me reprochez , ma mère,
    D'aimer trop le gros Lucas.
    Vous me dites en colère :
    Mais qu'a t-il donc pour te plaire?
    —Je vous le dirai tout bas :

    Il a toujours le nez au vent,
    Le milieu du corps en avant ;

Et , dans quelque endroit
Qu'il soit , - -
Il est toujours ferme et droit.

Pour les graces , la structure,
Je sais que de la nature
Il n'obtint aucun bienfait :
Il a l'œil tant soit peu louche ,
Le nez plat et grande bouche ;
Mais , s'il n'est beau ni bien fait ,

Il a toujours le nez au vent ,
Le milieu du corps en avant ;
Et , dans quelque endroit
Qu'il soit ,
Il est toujours ferme et droit.

Ah! si le plaisir qu'il guette
Le rencontre à la guinguette ,
Au sermon s'il n'est jamais,
Bien loin que je l'autorise :
Ma mère , lorsqu'il se grise ,
Je voudrais le gronder, mais

Il a toujours le nez au vent ,
Le milieu du corps en avant ;
Et , dans quelque endroit
Qu'il soit ,
Il est toujours ferme et droit.

Hier, après la révérence ,
Je rougis d'entrer en danse,
Tant sa vigueur paraissait :
Un bouton de sa culotte .
Jusques aux pieds de Charlotte ,
Sauta , tant il se dressait.

Il a toujours le nez au vent ,
Le milieu du corps en avant ;
   Et , dans quelque endroit
     Qu il soit ,
Il est toujours ferme et droit.

Si les dames de nos villes
Citent les phrases civiles
D'un freluquet langoureux ,
Du hameau les jeunes filles ,
Partisannes de bons drilles ,
Disent de leur amoureux :

Il a toujours le nez au vent ,
Le milieu du corps en avant ;
   Et , dans quelque endroit
     Qu'il soit ,
Il est toujours ferme et droit.

Lorsque le dieu de Cythère ,
Sans prêtre et sans notaire ,
Vous eut unie à papa ,

Vous dites à ma grand'tante :
Vieille femme tourmentante ,
Qui pour lui tant vous frappa ,

Il a toujours le nez au vent ,
Le milieu du corps en avant :
   Et . dans quelque endroit
     Qu'il soit ,
Il est toujours ferme et droit.

Ma chère enfant, l'hyménéo ,
Toujours au bout de l'année ,
Met au tombeau les amours.
De ton amant si bon drille ,
Tu ne diras plus , ma fille ,
Quand l'an finira son cours ,

Il a toujours le nez au vent ,
Le milieu du corps en avant ;
   Et , dans quelque endroit
     Qu'il soit ,
Il est toujours ferme et droit,

Vous , pucelles de coulisses,
Vous , filles encor novices ,
Que l'on ne voit qu'à demi ,
Vous , femmes trop sédentaires ,
Qu'hymen rend célibataires ,
Dites nous d'un bon ami :

Il a toujours le nez au vent,
Le milieu du corps en avant ;
   Et, dans quelque endroit
     Qu'il soit,
Il est toujours ferme et droit.

LE MAIRE.

Air :

J'vois ben d'après tout c'qu'il a fait
Qu'notr' mair' voulait être préfet.   (*bis.*)

Pour obtenir avec adresse
L' suffrage d' ses administrés,
D'vant les artisans y se r'dresse
Et s' courbe d'vant les gens titrés ;
Bien qu' n'aimant pas les homm's d'église ,
Sans lui jamais l' sermon n' finit,
Avec l'curé queuqu' fois y s' grise
Et l'dimanche rend l'pain bénit.

J' vois ben d'après tout c'qu il a fait
Qu' notr' mair' voulait être préfet.   (*bis.*)

Quand les terroristes en France
Incarcéraient mêm' la gaîté ,
Y n' parlaient que d'indépendance ,
Chantaient l'peuple et la liberté ;

D'puis qu' ces messieurs à notr' patrie
Ont fait un éternel adieu,
Pour qu'on r'mette la dîm' chérie
Et place l'monarque avant Dieu.

J'vois ben d'après tout c'qu'il a fait
Qu' notr' mair' voulait être prefet. (*bis.*)

Un sénateur fit à sa fille
Un marmot qu'on dit trépassé ;
Il aurait prêté sa famille
Si l'sénateur l'avait placé.
Deux fois il a quitté ses terres
Pour être au repas qu'on donna
Un an aux nouveaux mousquetaires ,
Un an aux vainqueurs d'Iéna.

J'vois ben d'après tout c'qu'il a fait
Qu' notr' mair' voulait être préfet. (*bis.*)

Au vingt mars , lorsque d'un bon prince
Il crut voir l'trône chancelant ,
Il fut l'premier d' notr' province
Qui fit ôter le drapeau blanc.
Apres Waterloo , l'deuil dans l'âme ,
J'pleurions la pert' du sang français ;
Mais lui dansait avec sa femme
Et quelques officiers anglais.

J'vois ben d'après tout c'qu'il a fait
Qu' notr' mair' voulait être préfet. (*bis.*)

Enfin le *vivat* qu'il prodigue ,
De chacun d'vous est ben connu ,
C'est viv' le roi ! vive la ligue !
Vive enfin le dernier venu !
Mais comm' le roi qui règne en France
N'plac' que les vertus, les talens ,
J'crois qu' bercé d'un' fausse espérance
Notr' mair' s'ra mair' encor long tems.

J'vois ben d'après tout c'qu'il a fait
Qu' notr'mair' voulait être préfet.   (*bis.*)

VOTRE AMI

NE DEMANDE PAS MIEUX.

Air :

Je fis serment à la maîtresse ,
Qui me trompait tous les deux jours ,
Que malgré vos chants d'allégresse
Mes chants cesseraient pour toujours.
Mais de nouveau vous désirez entendre
De ma façon quelques couplets joyeux ;
C'est là mon faible et vous l'avez su prendre.
Las ! votre ami ne demande pas mieux.

Si je vous brusquai la réplique
Et si je fis , joyeux vaurien ,
Parfois un couplet satirique ,
Mon cœur y fut toujours pour rien.
Joyeux amis, n'accusez que ma tête ,
Qu'étourdissait un Macon pur et vieux.
S'il faut trinquer pour que la paix soit faite
Las ! votre ami ne demande pas mieux.

Nos pères, cités d'âge en âge ,
Et buvaient sec et baisaient dru ;

Comme eux je fais un bon usage
Du cotillon , du vin du cru :
Après avoir renversé la fillette
Faut-il , gaîment comme nos bons aïeux ,
D'ici chez nous retourner sur la tête ,
Las! votre ami ne demande pas mieux.

Trente ans la trompette guerrière
Chez vous remplaça les pipeaux ,
Et vous vîtes l'Europe entière
Se courber devant vos drapeaux.
Vous désirez revoir dans cet asile
Des bons Gaulois le vieil enfant joyeux ,
Le gai , le fin , le piquant vaudeville ,
Las ! votre ami ne demande pas mieux.

Quand vous m'offrez une rasade ,
De vos verres peu dégoûté ,
Par votre bruyant camarade
L'un d'eux est bientôt accepté.
Que n'offrez-vous de même la maîtresse ,
Qui sait charmer votre cœur et vos yeux ?
Pour en user avec la même ivresse .
Las! votre ami ne demande pas mieux.

Un auteur que l'on croit modeste
Après un triomphe complet ,
En minaudant dit qu'il déteste
Répéter le moindre couplet ;

Loin d'imiter cet amour-propre honnête ,
Désirez-vous , amis francs et joyeux,
Faire bisser toute ma chansonnette ,
Las ! votre ami ne demande pas mieux.

ACCOUREZ.

Air : Farilon , farila , farilette.

Pour embellir la séance
Que nous ouvrons aujourd'hui ,
Gai , que Silène s'avance
Traînant sa suite après lui :
Faunes , désertez vos retraites ,
Près de nous vous les oublirez.

Accourez , lurons ;
De nos tendrons ,
De Bacchus ,
De Momus
Interprètes ,
Gais partisans des chansonnettes ,
Accourez.   (ter.)

Vous que l'amitié rallie ,
Et qui suivez ses drapeaux ,

Vous près de qui l'on oublie
Ses peines et ses travaux,
Vous qui par vos douces musettes
En tous les tems nous charmerez,

Accourez, lurons;
De nos tendrons,
De Bacchus,
De Momus
Interprètes,
Gais partisans des chansonnettes,
Accourez.   (ter.)

Les bons vivans pleins d'ivresse,
A vos vœux toujours soumis,
Céderont une maîtresse
Pour obtenir des amis,
Certain qu'en dépit des coquettes
De même vous en userez :

Accourez, lurons;
De nos tendrons,
De Bacchus,
De Momus
Interprètes,
Gais partisans des chansonnettes,
Accourez.   (ter.)

Vous pour qui la France entière
Naguère formait des vœux,

Venez, de laurier, de lierre
Nous ornerons vos cheveux ;
Nous chanterons dans nos goguettes
Les hauts faits que vous admirez :

Accourez, lurons ;
De nos tendrons,
De Bacchus,
De Momus
Interprètes,
Gais partisans des chansonnettes ;
Accourez.   (ter.)

Vous qui jusques à la lie
Buvez Grave et Roussillon,
Vous pour qui femme jolie
Fait flotter son cotillon,
Vous qui pour tromper les grisettes
En tout tems et tous lieux courez,

Accourez. lurons ;
De nos tendrons,
De Bacchus,
De Momus
Interprètes,
Gais partisans des chansonnettes,
Accourez.   (ter.)

Vous qui contens de vos places,
Dans vos amoureux ébats,

Laissez Cupidon aux Graces
Pour Vénus et ses appas ;
O vous dont les ames honnêtes
Jamais ne les retournerez !

 Accourez , lurons ;
  De nos tendrons ,
   De Bacchus ,
   De Momus
   Interprètes ,
Gais partisans des chansonnettes ,
  Accourez. (*ter.*)

 A pied faisant un voyage ,
Vous qui vous trouvez heureux ,
Et pensez qu'un équipage
N'est fait que pour un goutteux ;
Vous qui donnerez aux grisettes
Le bien dont vous hériterez ,

 Accourez , lurons ;
  De nos tendrons ,
   De Bacchus ,
   De Momus
   Interprètes ,
Gais partisans des chansonnettes ,
  Accourez. (*ter.*)

 A nos desirs point de bornes ,
Maris , que nous recevrons ,

Nous vous planterons des cornes
Sitôt que nous le pourrons ;
Certains que pour orner nos têtes
Un jour vous nous en planterez :

  Accourez , lurons ;
   De nos tendrons ,
   De Bacchus ,
   De Momus
   Interprètes ,
Gais partisans des chansonnettes ,
  Accourez. (ter.)

Sans regarder en arrière ,
Si le tems nous poursuit tous ,
Loin d'employer la prière
Pour apaiser son courroux,
Amis , entourez vos retraites
Des brocs qu'ici vous viderez :

  Accourez , lurons :
   De nos tendrons,
   De Bacchus ,
   De Momus
   Interprètes ,
Gais partisans des chansonnettes ,
  Accourez. (ter.)

LE MAUVAIS SUJET.

Air :

Ma mère, tu veux que je chante,
J'y consens; mais auprès de toi;
Car ailleurs, las! si je plaisante
Quelque sot ayant un emploi,
Se redressant avec audace,
Sitôt un commis freluquet,
Croyant que je veux de sa place,
Va crier au mauvais sujet !

Si je célèbre sur ma lyre
De Bacchus le jus précieux,
Si je prône dans mon délire
Qu'il nous rend dispos et joyeux;
Malgré la pâleur de ma trogne,
Certain pilier de cabaret,
Me signalant comme un ivrogne,
Va crier au mauvais sujet!

Si je démasque une grisette,
A l'enchère offrant ses appas,

Et si je dis que la fillette
Fait par jour au moins deux faux pas ;
Bientôt un père de famille,
De mes vers votant le rejet,
Croyant que j'en veux à sa fille,
Va crier au mauvais sujet !

Malgré les vertus apparentes
De nos épouses de Paris,
Si je dis qu'elles sont constantes
A tromper leurs petits maris,
Un cocu dont je pourfends l'ame,
Bien que je me montre discret,
Croyant que je connais sa femme,
Va crier au mauvais sujet !

Si mon Apollon en goguette
Vous signale un fripon adroit,
Croyant par une chansonnette
Qu'il pourra le faire aller droit :
Un faquin qui pour lors redoute
De voir réussir mon projet,
Tout prêt à faire banqueroute,
Va crier au mauvais sujet !

Désirant éloigner l'orage
Qui sur mon front semble gronder ;
Désirant éviter la rage
Des sots que je vois abonder ;

Ma mère, quand je me retire
Vers toi, qui seule est mon objet,
Las! n'entendrai-je plus médire,
Ni crier au mauvais sujet!

LA PETITE DIFFICULTÉ.

Air : Par la vertu choux.

Exempt de chagrins et d'envie,
Né sans bassesse et sans hauteur,
Pour être heureux en cette vie,
Comme devrait l'être un auteur,
Il ne me faut que de l'argent,
Le reste n'est point urgent.

Pour avoir une place honnête,
Bien qu'assez mauvais garnement,
Mon écriture est assez nette,
Je chansonne passablement,
Il ne me faut que de l'argent,
Le reste n'est point urgent.

En sachant à propos me taire
Sur les vices de la grandeur,

Pour être un jour le secrétaire
De quelque nouveau monseigneur,
Il ne me faut que de l'argent.
Le reste n'est point urgent.

Je trouverai peu de rebelles,
Je suis et gaillard et dispos,
Pour captiver toutes les belles
Ayant l'œil vif et le nez gros,
Il ne me faut que de l'argent,
Le reste n'est point urgent.

Ayant du goût pour la finance,
Etant paresseux, dieu merci,
Pour combler la douce espérance
Que j'ai d'être ministre aussi,
Il ne me faut que de l'argent,
Le reste n'est point urgent.

Chacun de vous a l'assurance
Que je chéris la liberté,
Et pour être de notre France
Par vous nommé le député,
Il ne me faut que de l'argent,
Le reste n'est point urgent.

Je vais par une tragédie
Au Français marquer mon début,

Et pour qu'elle soit applaudie
Et que j'arrive à l'Institut,
Il ne me faut que de l'argent,
 Le reste n'est point urgent.

Vénus n'entend plus ma prière,
Bacchus ne boit plus avec moi ;
J'aurais terminé ma carrière ;
Mais pour ordonner mon convoi
Il ne me faut que de l'argent,
 Le reste n'est point urgent.

ENCORE UN PEU.

SONGE.

Air : Avec plaisir on se repose.

De ce monde il faut que je sorte :
Tu viens m'annoncer le départ :
O Mort! tu frappes à ma porte,
Moi qui t'attendais bien plus tard.
Pourtant à ma nouvelle amie
Je voudrais faire un tendre aveu.
Laisse-moi jouir de la vie
  Encore un peu. (bis.)

Laissant la sagesse ennuyeuse,
Lisette a comblé mon espoir.
D'amis une troupe joyeuse
Vient m'arracher de son boudoir.
Ma voix pour te rendre traitable
De te prier se fait un jeu.
Fais qu'avec eux je trinque à table
    Encore un peu.   *(bis.)*

Un nouveau désir vient d'éclore :
Le dernier service on le sert ;
En un instant on le dévore.
On va nous monter le dessert.
Mon esprit, qui bat la campagne,
Du jus divin a tout le feu.
Laisse-moi sabler le Champagne
    Encore un peu.   *(bis.)*

De l'Aï l'aimable fumée
Va faire naître les bons mots.
Une chanson est réclamée :
Momus agite ses grelots.
Je voudrais former sur ma lyre
Pour mes amis un dernier vœu.
Respecte mon joyeux délire
    Encore un peu.   *(bis.)*

Mais à la fin la Mort se lasse ;
Elle me saisit à l'instant.

De ses bras hideux qu'elle enlasse
Je m'échappe en me débattant.
Je m'éveille, l'ame ravie;
Du sommeil ce n'était qu'un jeu,
Et je puis jouir de la vie
    Encore un peu.   (*bis.*)

LE BON EMPLOI DU TEMS.

Air :

Ma Corine, quand la Sagesse,
Montrant l'avenir à mes yeux,
Me dit et me redit sans cesse :
De ta jeunesse jouis mieux.
Lorsqu'elle va m'être ravie,
Je dis aux destins inconstans:
A jouir consacrer sa vie,
N'est-ce pas profiter du tems?

Dès le matin quand je m'éveille,
Jetant les yeux autour de moi,
Heureux du bonheur de la veille,
Mon premier soupir est à toi.
Je me rappelle avec ivresse
Nos cœurs de plaisir palpitant :

Rêver un moment la tendresse,
N'est-ce pas profiter du tems?

Le bon Comus que j'idolâtre
Chez moi vient se joindre à l'Amour.
Table, lit forment le théâtre,
Où je les fête chaque jour.
Un petit repas qu'Amour dresse
Vaut bien le festin des traitans.
Jouir d'une heure ou deux d'ivresse,
N'est-ce pas profiter du tems?

A ce dieu qui désire un temple,
Ma Corine, je ne crois pas;
Dans l'univers je le contemple,
Je l'adore dans tes appas.
Si je ne lis point l'évangile
Du chrétien, du mahométan,
Je relis Horace et Virgile,
N'est ce pas profiter du tems?

De très loin suivant la bannière
Qu'arbora Momus-Béranger,
Près d'une muse chansonnière
En riant je cours me ranger.
Je fronde le flatteur servile,
Les sots faisant les importans.
Chansonner la cour et la ville,
N'est-ce pas profiter du tems?

Si d'après le train que je mène ,
Soixante ans ne me voyent pas,
A tes côtés bravant la peine ,
Gaîment j'attendrai le trépas.
Pour des baisers , une caresse ,
De mes jours j'offrirais cent ans.
Occuper ainsi la jeunesse ,
N'est-ce pas profiter du tems ?

CONSEILS A MA FILLE.

CHANSON.

Déja l'aimable adolescence
En riant chasse devant soi
Les jours heureux de ton enfance,
Qui bientôt ne sont plus à toi.
Dans ton regard le calme brille.
Crains une orageuse saison.
Daigne te rappeler, ma fille ,
    Et ma leçon
    Et ma chanson.

Ton cœur ignore encor le vice :
A tes yeux tout se peint en beau.

Sans expérience et novice ,
De la raison prend le flambeau.
Dans ce cœur où la vertu brille
L'Amour peut glisser le poison.
Daigne te rappeler, ma fille ,
    Et ma leçon
    Et ma chanson.

Si malgré les avis d'un père
De l'Amour tu ressens les coups ,
Pour sécher des pleurs , je l'espère ,
Tu manqueras un rendez-vous.
Un bienfait près de l'Amour brille :
Ce dieu nous rend le cœur si bon.
Daigne te rappeler, ma fille ,
    Et ma leçon
    Et ma chanson.

Si l'objet de ta chaste flamme
Un jour unit ton sort au sien .
Que son ame passe en ton ame ;
Sous des fleurs cache son lien ;
Et songe qu'une épouse brille
Par le cœur plus que par le ton.
Daigne te rappeler, ma fille ,
    Et ma leçon
    Et ma chanson.

Ah ! si comblant ton espérance
Le ciel t'accorde des enfans ,

Dis-leur que le Tartare en France
Brisa nos drapeaux triomphans.
Pour qu'un jour leur courage brille
De tous nos preux cite le nom.
Daigne te rappeler, ma fille ,
 Et ma leçon
 Et ma chanson.

Place dans la même balance
Et l'Évangile et le Coran.
Qu'avec tes fils ton cœur s'élance
Vers Dieu qui n'est point un tyran.
Pour eux que l'éternité brille
Sans fers , sans flamme , sans prison.
Daigne te rappeler, ma fille ,
 Et ma leçon
 Et ma chanson.

Puisque la mort sous une pierre
Cache les talens, les vertus;
L'œil serein , ferme ta paupière,
Console tes fils abattus ;
Que sur ton front le calme brille ;
Que de ta voix le dernier son,
Ma fille , redise à ta fille
 Et ma leçon
 Et ma chanson.

L'UNION DE BACCHUS,

DE L'AMOUR ET DES GRACES.

Air : La comédie est un miroir.

Bacchus fut autrefois amant
De nymphe aimable autant que belle.
Par caprice ou par sentiment
A ses vœux elle fut rebelle.
Le dieu du vin allait mourir,
Lorsque l'espiègle de Cythère
Accourut pour le secourir
Avec les Graces et sa mère.

Les Graces plaisent aux Amours.
Dit le dieu qui porte des ailes ;
L'on obtient tout par leur secours ;
On ne réussit que par elles :
Grand Bacchus, si tu leur permets
Avec toi de régner à table.
En leur nom, moi, je te promets
De rendre ta belle traitable.

Bacchus accepta le traité
Avec une aimable franchise,
Et dès ce moment la beauté
Aux vœux de ce dieu fut soumise.
Bientôt de cet heureux lieu
Naquit le petit vaudeville,
Qui courut, aimable vaurien,
En riant corriger la ville.

C'est depuis ce tems fortuné
Que le dieu, qui peuple la terre,
Dans nos festins est couronné
De roses, de myrte et de lierre;
Et que nous versant le doux jus,
Qui rend les mortels plus aimables,
Les Graces, l'Amour et Bacchus
Sont devenus inséparables.

TABLE.

FIN DE LA TABLE DU PREMIER TOME.